AF542184

Gertraud Anna Portner

OBERPFÄLZER GARTENGLÜCK

HOBBYGÄRTNERN INS BEET GESCHAUT

Bibliografische Information der Deutschen Nationalbibliothek

Die Deutsche Nationalbibliothek verzeichnet diese Publikation in der Deutschen Nationalbibliografie; detaillierte bibliografische Daten sind im Internet über http://dnb.dnb.de abrufbar.
ISBN 978-3-95587-081-2

Für uns, die Battenberg Gietl Verlag GmbH mit all ihren Imprint-Verlagen, ist Nachhaltigkeit ein wichtiger Teil unserer Unternehmensphilosophie. Daher achten wir bei allen unseren Produkten auf den Einsatz umweltschonender Ressourcen und Materialien.
Dieses Buch wurde auf FSC®-zertifiziertem Papier gedruckt. FSC (Forest Stewardship Council®) ist eine nicht staatliche, gemeinnützige Organisation, die sich für die verantwortungsvolle und ökologische Nutzung der Wälder unserer Erde einsetzt.

Unsere Partnerdruckerei kann zudem für den gesamten Herstellungsprozess nachfolgende Zertifikate vorweisen:
- Zertifizierung für FOGRA PSO
- Zertifizierungssystem FSC®
- Leitlinien zur klimaneutralen Produktion (Carbon Footprint)
- Zertifizierung EcoVadis (die Methodik besteht aus 21 Kriterien in den Bereichen Umwelt, Einhaltung menschlicher Rechte und Ethik)
- Zertifikat zum Energieverbrauch aus 100% erneuerbaren Quellen
- Teilnahme am Projekt „Grünes Unternehmen" zum Schutz von Naturressourcen und der menschlichen Gesundheit

1. Auflage 2021
ISBN 978-3-95587-081-2
Alle Rechte vorbehalten!
© 2021 Buch- und Kunstverlag Oberpfalz in der Battenberg Gietl Verlag GmbH, Regenstauf
www.battenberg-gietl.de

Gertraud Anna Portner

OBERPFÄLZER GARTENGLÜCK

HOBBYGÄRTNERN INS BEET GESCHAUT

BUCH- UND KUNSTVERLAG OBERPFALZ

» EIN GARTEN MACHT GLÜCKLICH. «

Liebe Leser,

mich begeistert die Perfektion einer Rosenblüte ebenso wie das bunte Durcheinander einer Blumenwiese. Mit dieser Einstellung habe ich mich auf Anfrage des Battenberg-Gietl-Verlags auf das Abenteuer eingelassen, ein regionales Gartenbuch zu schreiben. Der Arbeitstitel „So gartelt die Oberpfalz“ entwickelte sich schnell zum „Oberpfälzer Gartenglück – Hobbygärtnern ins Beet geschaut“. Schließlich weiß ich aus eigener Erfahrung: „Ein Garten macht glücklich!“ Entstanden ist ein Lesebuch, Bildband und Ratgeber mit Reportagen, Pflanzenporträts und Gartenwissen, eingepackt in einen Spaziergang durch 25 sehr unterschiedliche Gärten. Wie beim persönlichen Gespräch am Gartenzaun, kann man in den Texten und Bildern erfahren, nach welchen Vorlieben und Schwerpunkten jeweils gegartelt wird. Wenn sich eine Gartentüre schließt, öffnet sich beim Weiterblättern ein neuer spannender Einblick. Wo Sie starten und wie lange Sie unterwegs sind, entscheiden Sie selbst.

Faszination Garten: Autorin Gertraud Anna Portner entdeckt die Vielfalt des gärtnerischen Schaffens in der Oberpfalz.

Die Vielfalt der Oberpfälzer Gartenkultur aufzuzeigen, erforderte die Qual der Wahl. Schöne Gärten mit den drei großen „R“ (Rasen, Rosen, Rhododendren) sind in der Region breit gesät. Doch es gibt auch das Gartenglück im etwas „wilderen“ Naturgarten und andere lieben ihren Selbstversorger-Nutzgarten. Manchmal ist es auch eine Mischung aus allem. Nachdem mein Bildarchiv nicht alle sieben Landkreise abdeckte, machte ich mich mit Kamera und Stift zu einer kleinen Gartenreise auf. Die Auswahl der Anwesen erfolgte unter dem Aspekt „Vielfalt“ eher zufällig und anhand der Beschreibungen in den Broschüren des Bezirksverbands Oberpfalz für Gartenbau und Landespflege zum „Tag der offenen Gartentür“ in den Vorjahren. Es wurde eine wunderbare Woche! Wie auch schon bei allen früher besuchten Gärten, erlebte ich eine umwerfende Gastfreundschaft. Danke an all die lieben Menschen, die mich spontan in ihre grüne Oase aufnahmen und meine vielen Fragen mit Geduld beantworteten. Ohne euch gäbe es dieses Buch nicht!

Alle vorgestellten Gärten – egal ob Parkgarten, Siedlungsgarten, Bauerngarten, Schrebergarten, Dachgarten oder Naturgarten – strahlen ebenso wie ihre Besitzer eine ansteckende Harmonie aus. Die Gartengrundstücke variieren zwischen 200 und 12.000 Quadratmetern. Doch sie haben eines gemeinsam: Sie bestechen mit ihrer ganz eigenen Persönlichkeit und transferieren die Lust und Leidenschaft, mit der sie gepflegt werden. Mir war es deshalb wichtig, ein wenig mehr als die Pflanzen zu zeigen. Denn nur wenn ein Garten zum Haus passt, quasi als eine Fortsetzung von drinnen nach draußen, passt er auch zum Leben der Besitzer. Auch ich bin infiziert vom Gartenvirus und durfte erfahren, dass man sich in einem Garten immer wieder selbst verwirklichen kann: Ob es der farbenfrohe Bauerngarten meiner Mutter war, der mich in der Kindheit eher unbewusst prägte (im Grundschulalter hatte ich ein eigenes Beet, als Jugendliche nervte mich das Gießen) oder meine mittlerweile selbst angelegten Gärten. Es war und ist immer ein unbeschreibliches Glücksgefühl, sich kreativ mit Pflanzen auseinanderzusetzen. Denn ein Garten kann ein zuverlässiger und treuer Begleiter durchs Leben sein. Er spendet Freude und Trost, er gibt Halt und Erfüllung. Ein Garten dient als Speisekammer, Kräuterfabrik und Apotheke und er kann Fitnessstudio und Psychotherapeuten ersetzen. Meine

» EIN GARTEN SPENDET FREUDE UND TROST. «

Erfahrung: „Bei der Gartenarbeit wird der Kopf frei und die Gedanken fließen." Denn nicht wenige Ideen für meine berufliche Tätigkeit als Redakteurin bei einer Tageszeitung entstammen der morgendlichen Gartenpflege. Wenn meine kleine Hühnerfamilie dabei pickend zum Apfelbaum pilgert, ein Eichhörnchen in den Ästen der Haselnusssträucher turnt, die Krebse im Bach sich der Sonne zeigen und die Präriestauden über sich hinauswachsen – dann, ja dann sind alle Mühen vergessen, die ein Garten seinem Besitzer abfordert.

Die kleine Hühnerfamilie genießt es, pickend durch den Garten zu marschieren.

Wer das Buch „Oberpfälzer Gartenglück – Hobbygärtnern ins Beet geschaut" in den Händen hält, wird diese Freude am Garteln zwischen den Zeilen spüren. Das Buch will inspirieren und die Lust am Ausprobieren wecken. Dabei muss nicht alles gleich klappen, denn jeder Garten ist anders. Schon aufgrund der Einflüsse von Boden und Klima auf die Pflanzen ist die Natur nicht kopierbar. Diese Tatsache gibt aber auch die Freiheit, seinen eigenen Weg zum Gartenglück zu finden. Die Reportagen ermuntern dazu. Schließlich hat jeder noch so schöne Wohlfühlgarten mit dem ersten Spatenstich begonnen. Während ich diese Zeilen schreibe, stürmt und schneit es draußen. Doch die Zaubernuss (Hamamelis), die ich vor einigen Jahren in meinen 2013 angelegten Garten einpflanzte, zeigt bereits ihre leuchtend gelben Blüten. Eine Anmerkung: In den Reportagen habe ich darauf verzichtet, die botanischen Namen zu nennen. Bei den Pflanzenvorstellungen ist dies natürlich der Fall.

Damit kommen wir jetzt zu den Experten. Denn nicht nur die Hobbygärtner haben mit ihren offenen Gartentüren dieses Buch ermöglicht, auch die Fachberater an den sieben Landratsämtern (Kreisgartenamt bzw. Abteilung Garten-

Stauden und Steine sind eine Leidenschaft. Die Hortensie sorgt für den romantischen Touch.

» GÄRTEN SIND SO VIELFÄLTIG WIE IHRE BESITZER. «

kultur und Landespflege) sagten sofort zu, als ich um einen Fachbeitrag zu einem selbstgewählten Thema bat. Damit rundet sich der Arbeitstitel „So gartelt die Oberpfalz" wunderbar ab. Nicht unterschlagen möchte ich die Tatsache, dass ich aktiv in der Gartenpflegervereinigung des Landkreises Schwandorf bin und bei Lehrgängen und Spezialkursen auf Kreis-, Bezirks- und Landesebene wertvolles Gartenwissen ansammeln konnte. Übrigens: Im Bezirksverband für Gartenbau und Landespflege Oberpfalz sind 454 Gartenbauvereine mit 80.278 Mitgliedern (Stand November 2020) organisiert. Den Beitritt in einen Gartenbauverein kann ich jungen Familien beziehungsweise „Garten-Neulingen" aus eigener Erfahrung wärmstens empfehlen.

Ich lade Sie nun auf eine Rundreise durch die Oberpfalz ein. Die Vielfalt des aktuellen gärtnerischen Schaffens wartet darauf, entdeckt zu werden. Von Auerbach im Landkreis Amberg-Sulzbach bis Wenzenbach im Regensburger Land, vom Grenzort Mähring im Nordosten bis nach Plankstetten im Südwesten. Die Reihenfolge quer durch die Landkreise ergab sich durch den Versuch einer Gliederung nach den jeweiligen Schwerpunkten. Dabei sind die 25 ausgewählten Gärten so vielfältig wie ihre Besitzer. Und nicht vergessen: Die Schönheit liegt im Auge des Betrachters.

Ihre Gertraud Anna Portner

Die Gärten im Buch:

1 Parkgarten zum Verlieben S. 8
2 Ein Löwe und 150 Rosen S. 16
3 Mekka der Sinnesfreuden S. 24
4 Tongrube wird Traumgarten S. 32
5 Ein Garten der großen Gesten S. 40
6 Gute Adresse für Rosen & Co. S. 46
7 Mit Stauden bunte Bilder malen S. 52
8 Der Vier-Generationen-Garten S. 58
9 Kleiner Stadtgarten ganz groß S. 62
10 Feierabend auf dem Dach S. 66
11 Glücklich im Schrebergarten S. 68
12 Pflanzenkinder machen Freude S. 72
13 Ausflug in den Garten S. 76
14 Bäuerin mit grünem Daumen S. 80
15 Pompons und 200 Salatköpfe S. 84
16 Selbstversorger am Vierseithof S. 90
17 Mehr Natur mit Permakultur S. 94
18 Lilien, Lauch und Laufenten S. 102
19 Herbstgarten im Hygge-Stil S. 110
20 Faible fürs Farbenspiel S. 118
21 Grünes Glück mit Totholz ... S. 126
22 Der Reiz des Dschungels S. 134
23 Schlaraffenland für Nützlinge S. 144
24 Formen, Farben und Düfte S. 152
25 Gartenwissen bewahren S. 156

Die Standorte der Gärten:

1 Oberviechtach
2 Sinzing
3 Lupburg
4 Wenzenbach
5 Waldthurn
6 Thanstein
7 Waldthurn
8 Birgland
9 Mitterteich
10 Kastl
11 Regensburg
12 Pemfling
13 Oberviechtach
14 Waldthurn
15 Pemfling
16 Mähring
17 Oberviechtach
18 Winklarn
19 Seubersdorf
20 Auerbach
21 Sinzing
22 Schorndorf
23 Bad Neualbenreuth
24 Plankstetten
25 Mühlhausen a.d.Sulz

DER GARTEN VON HEIDI UND HANS ALBANG

Standort: Niesaß/Oberviechtach (Landkreis Schwandorf)

Grundstück: 3000 qm

Beschreibung: Weitläufiges Gartengrundstück am Dorfrand, welches an drei Seiten von Bäumen und Sträuchern umgeben ist. Es gibt mehrere Gartenräume. Mauern und Pflasterflächen, Gartenteich, langgezogene Staudenrabatten und die rund 200 Rosenstöcke lassen den Garten als Park erleben.

PARKGARTEN ZUM VERLIEBEN

Wenn Brautpaare in den romantischen Gartenzimmern für den Fotografen posieren, dann ist auch Heidi Albang glücklich. Sie liebt die Stauden, Rosen und Lilien, die sich mit ihrem Farbenspiel perfekt in Szene setzen. Die geschickte Kombination ergibt eine Blütenfülle, an der man sich fast nicht sattsehen kann. Einziger Wermutstropfen ist die Höhenlage.

Hinter Bäumen und Sträuchern verbirgt sich ein großer Garten im kleinen Dorf. Der Windschutz ist gewollt, ein Sichtschutz müsste nicht sein. Denn die Familie Albang heißt nach Anmeldung gerne Gartenfreunde willkommen und teilt mit ihnen die Freude über das Blütenmeer auf den rund 3000 Quadratmetern. Für Gäste ist sofort klar: Das ist kein Garten, das ist ein Park. Dazu passt auch die imposante Ruine der Burg Murach, die beim Blick über die freie Landschaft am Horizont erscheint.

Heidi und Hans Albang verbindet das gemeinsame Garteln schon seit drei Jahrzehnten. Seit dem Bau des Eigenheims hat sich der Garten immer wieder verändert. Denn fast jedes Jahr kommt etwas Neues hinzu. So wurde im Herbst 2020 ein Beet mit der Kleinstrauchrose 'Sirius' angelegt. Die 16 Stöcke blühen in einem Creme-Weiß, das zur Blütenmitte in ein zartes Gelb übergeht. Den Hintergrund bildet die Ramblerrose

» DIE ROSE 'GEBRÜDER GRIMM' HAT EIN EXTREM SCHÖNES GLÄNZENDES BLATTWERK UND IST RESISTENT GEGEN ALLES. «

'Guirlande d'Amor' mit ihren kleinen weißen Röschen. Die passende Begleitbepflanzung steht noch nicht fest: „Das machen wir im Frühjahr ganz spontan.“ Neuestes Bauprojekt ist ein riesiger, schmiedeeiserner Torbogen auf zwei Granitsäulen, welcher auch einem Schlosspark gut zu Gesicht stehen würde. „Da passt ein Lkw durch“, meint Hans Albang lachend. Auf die Pflegeleichtigkeit hat er auch beim Ausgraben der Staudenbeete im leicht abschüssigen Gelände geachtet: Mit einem Schlauch legte er die Rundungen so vor, dass er nun beim Mähen mit dem Rasentraktor „in Rekordzeit fertig“ ist.

Mauern, Bögen, Säulen und Pflasterflächen sowie ein Pavillon gliedern das Grundstück in mehrere Gartenzimmer mit lauschigen Ecken und Sitzgelegenheiten.

Rose 'Gebrüder Grimm'

Die zweifarbige, stark gefüllte Beetrose 'Gebrüder Grimm' schillert von Juni bis September in einem Farbenspiel von orange bis pink. Sie ist leicht duftend, sehr robust und punktet mit einer guten Blattgesundheit. Der Strauch wächst buschig und erreicht knapp 80 Zentimeter.

Mittelpunkt ist ein großer, betonierter Gartenteich (6000 Liter), der seit der Anlage vor 20 Jahren naturnah eingewachsen ist. In den verschiedenen Zonen gedeihen unter anderem Seerosen, Blutweiderich, Schwertlilien, Katzenminze, Bambus und Dotterblumen. Etwa alle sechs Jahre wird der Teich komplett abgelassen und entschlammt. Vom Holzsteg aus lassen sich Krebse, Goldfische und die bunten Shubunkini (Mischung aus Goldfisch, Schleierschwanz und Koi) gut beobachten. Eisvogel und Ringelnattern sorgen allerdings schon mal für Schwund im Besatz.

Ein Lieblingsplatz des Ehepaares ist auf der Bank unter der Birke. Schatten spenden aber auch Obstbäume und etliche Laubgehölze am grünen Zaun. „Wir fahren im Sommer nicht in Urlaub, nur im Frühjahr ist eine Woche Radeln drin", sagt Heidi Albang, „und selbst da wollen wir nur ungern weg." Denn wenn die Rosenblüte startet, beginnt die Zeit des Genießens. Schließlich sind sie Besitzer von rund 200 Rosenstöcken in 40 verschiedenen Sorten. „Ich kenne alle mit Namen", betont die Hobbygärtnerin und zählt ihre Lieblinge auf. Die Sammlung startete mit der rotblühenden 'Mariandl' und die 'Gebrüder Grimm' sind mit ihren orange-pinken Blüten seit über 15 Jahren ausdauernde Begleiter. „Ein extrem schönes, glänzendes Blattwerk und resistent gegen alles", beschreibt Heidi Albang deren Vorzüge, die sie auch den Sorten 'Hansestadt Rostock' und 'Sirius' zuerkennt. Übrigens: 'Hansestadt Rostock' (Farbe: Bernstein-Apricot) wurde 2020 zur „Rose des Jahres" gewählt. Den Überraschungsknaller

» WIR FAHREN IM SOMMER NICHT IN URLAUB, NUR IM FRÜHJAHR IST EINE WOCHE RADELN DRIN. «

Die robuste ADR-Beetrose 'Gebrüder Grimm' gefällt seit über 15 Jahren.

liefert im Sommer aber eine Ramblerrose, die sich in der Krone des Kirschbaums austobt und damit eine monatelange Kirschblüte vorgaukelt. Das Paar pflanzt nur noch widerstandsfähige Rosen. Wenn welche trotzdem kränkeln, wird zunächst ein anderer Standort versucht. „Der Platz muss passen und sie müssen unser Klima packen“, erklärt Heidi Albang. Dann könne man auch darauf verzichten, gegen Rosenrost zu spritzen oder Stärkungsmittel wie Magnesium zu verabreichen. Großzügige Kompostgaben im Frühjahr sind selbstverständlich. Im Spätherbst werden die Rosen für den Winterschutz mit der „billigsten, ungedüngten Blumenerde“ angehäufelt. Das Abdecken mit Fichtenzweigen wurde eingestellt.

Neben den Rosen sorgen die Lilien, die hier in vielen Farben gut gedeihen, für Eleganz. In den Beeten, die sich zwischen den Rasen in langen Rabatten ums Haus ziehen, residieren die Stauden. Eine Auswahl: Phlox, Sonnenhut, Indianernessel, Eisenhut, Wilder Lavendel, Wollziest, Rittersporn, Fackellilien, Margeriten, Funkien und Lupinien. Aber auch Hortensien, Freesien, Heidekraut und Dahlien bereichern das Farbenspiel. Viele Stauden und Sträucher sind selber herangezogen. Große Steine („Findlinge“) setzen dezente Strukturen. Statt viel Schnickschnack sind es vor allem Holzelemente, wie die Vogelhäuschen „Marke Eigenbau“ oder die geschnitzten Köpfe eines regionalen Künstlers, die sich unaufgeregt einbringen.

Heidi Albang ist stolz auf ihre roten Lilien. Diese sind eindeutig die Stars im Garten.

Die Blüten der zitronengelben Lilie spielen sich gerne in den Vordergrund.

GARTENWISSEN

Staude oder Strauch?

Beides sind mehrjährige Pflanzen. Der Strauch ist ein ausdauerndes Gehölz, während Stauden sich zurückbilden und zu Beginn der Vegetationszeit aus der Wurzel neu austreiben. Der Unterschied ist also einfach festzustellen: Ein Strauch hat verholzte, oberirdische Teile. Eine Staude weist krautige, weiche Stängel auf, die nicht oder nur sehr wenig verholzen.

Stauden verjüngen

Stauden haben je nach Herkunft verschiedene Boden- und Klimaansprüche. Das Grundprinzip: Die Staude nach dem Standort (Beet, Gehölzrand, Steingarten) aussuchen und den Boden so vorbereiten, wie die Pflanze es von zu Hause (Ursprungsland) gewohnt ist. Verjüngung/Vermehrung: Wenn Stauden in der Mitte des Horstes vergreisen und nicht mehr so üppig blühen, sollte man sie teilen. Dazu frühestens zwei Wochen nach der Blüte ausgraben, die Stängel einkürzen und den Wurzelstock teilen. Manche Stauden werden schon nach drei bis fünf Jahren verjüngt (wie Katzenminze, Indianernessel), andere nach etwa sieben bis neun Jahren (Herbstaster, Rittersporn, Sonnenhut, Tränendes Herz). Bei manchen Stauden (wie Pfingstrose, Taglilie, Funkie) kann man sich noch länger Zeit lassen oder auch ganz auf die Verjüngungskur verzichten.

Der rosa Phlox und die weiße Palmlilie weisen den Weg durch den Parkgarten.

Aufsteigende Wuchshöhen bringen Harmonie ins Staudenbeet.

GARTENWISSEN

ADR-Rosen

Bei der Züchtung stehen Blattgesundheit und Robustheit im Fokus. Neue deutsche Sorten, die besonders widerstandsfähig gegen Pilzerkrankungen sind, erhalten das ADR-Prädikat (Allgemeine Deutsche Rosenneuheitenprüfung). Für Anfänger ist dieses Zeichen eine wertvolle Einkaufshilfe.

Hinterm Haus, am höchsten Punkt des Grundstücks, schließt sich der mit Buchs eingefasste Gemüsegarten an. Dieser ist dekorativ in einem Halbkreis angelegt. „Bei uns ist alles zwei Wochen später dran als unten in der Stadt", bedauert die Hobbygärtnerin. Das gilt sowohl für die Rosenblüte, als auch für die Gemüseernte. Denn auf 628 Höhenmetern erwärmt sich der Boden nicht so schnell wie im tiefer liegenden Oberviechtach. Die kürzere Vegetationszeit macht sich auch im Herbst bemerkbar. Doch das Gartenglück ist in Niesaß trotzdem perfekt. „Es macht keine Arbeit, sondern Spaß!“, stellt Heidi Albang fest und Gatte Hans nickt. Bevor sie den Feierabend auf der Terrasse genießen, wird gemeinsam der Garten auf Vordermann gebracht und Verblühtes abgezupft. Wenn sich dann am Morgen die Tautropfen in den Blütenkelchen sammeln, ist alles angerichtet für die Brautpaare, die sich keinen schöneren Rahmen für ihre Hochzeitsfotos vorstellen können. Bei den Fotografen ist der Albang-Garten schon längst kein Geheimtipp mehr. Und auch nicht bei den Rehen aus dem angrenzenden Waldstück, die auf der Suche nach frischem Grün gerne über den Rasen spazieren und aus den Beeten naschen.

Der winterharte Sonnenhut (Rudbeckia) ist ein Spätblüher und sehr pflegeleicht.

DER GARTEN VON ANITA UND HANS GRIESBECK

Standort: Sinzing (Landkreis Regensburg)

Grundstück: 1600 qm

Beschreibung: Außergewöhnlicher „Phantasie-Garten" mit verschiedenen stattlichen Solitärgehölzen. Diese ergeben zusammen mit Sträuchern wie Rhododendren oder Hortensien sowie den vielen Rosen ein harmonisches Gesamtbild. Abwechslungsreich und liebevoll gestaltete Gartenräume laden zum Verweilen und zum Entdecken von Pflanzenreichtum und Gartenkunst aus verschiedenen Kulturkreisen ein.

EIN LÖWE UND 150 ROSEN

Es ist ein Garten der vier Jahreszeiten und ein Versteck für Pflanzen, Kunstwerke und Kleinlebewesen: Auch Nashornkäfer haben das Idyll schon entdeckt. Wer im Juni hinter das Haus spitzt, der ist vom Duft und der Schönheit der über 150 Rosenstöcke berauscht. Dabei gibt es noch viel zu entdecken! So wie den Löwen am Teich, der nicht vorm Sinzinger Rathaus brüllen durfte. Aber das ist wieder eine ganz andere Geschichte.

Wenn Anita und Hans Griesbeck mit Gästen durch ihr Gartenreich spazieren, spürt man eine große Verbundenheit mit allem, was da wächst und blüht. Der Garten bezaubert mit seiner Vielfalt: Elemente vom Bauern- und Parkgarten und dazwischen drei Asia-Gärten harmonieren und entführen in wunderbare Gartenwelten. Von der Zierhasel ab Januar und den Zwiebelpflanzen im Frühjahr reicht die Blüte bis in den Spätherbst hinein.

» MAN KANN SAGEN, JEDER QUADRATDEZIMETER AN HUMUSERDE GING DAMALS DURCH UNSERE HÄNDE. «

Die Erstanlage des Gartens stemmte die Familie, samt Onkel und Tante, ab dem Jahr 1976. Nur zu etwa 20 Prozent wurde auf Firmenunterstützung zurückgegriffen. Der gesamte Humus vom Ausheben des Erdreichs beim Wohnhaus-Bau wurde auf einem großen Haufen zwischengeparkt, in den Folgejahren von Unkrautwurzeln gereinigt und im Garten ausgebracht. „Man kann sagen, jeder Quadratdezimeter an Humuserde ging damals durch unsere Hände“, erinnert sich Hans Griesbeck. Die spätere Gartengestaltung und Pflege erfolgte dann komplett durch eigenen Arbeitseinsatz und eigene Ideen. Und davon gab es jede Menge, denn die Art der Nutzung und das Aussehen veränderten sich im Laufe der Jahrzehnte kontinuierlich.

So wuchs auch die Pflanzenliste auf 375 Arten an Bäumen, Sträuchern, Stauden und Blumen (ohne Rosen) an. Genau vermerkt sind die Standorte in den zwölf Gartenzimmern. Die Dokumentation ist ein Tipp für Garten-Neuanleger: Damit können sie die Schätze auch noch nach Jahrzehnten mit Namen ansprechen!

Doch jetzt zu den 150 Rosenstöcken, die mit ihrer Blühfreude eindeutig die Stars im Garten sind. „Wir schätzen eigentlich alle Rosen. Jede Art hat ihren Reiz“, betont das Ehepaar. Nachfolgend ein kleiner Auszug aus dem Griesbeck-Sortiment, und zwar zunächst vom Oberen Garten (2012 neu angelegt). Die zwei breitbuschigen apricotfarbenen Kletterrosen

GARTENWISSEN

Rosen: Pflege und Schnitt

Je lockerer und luftiger eine Rose wachsen darf, desto schöner blüht sie. Die ideale Zeit für den Frühjahrsschnitt ist zur Forsythien-Blüte (März/April). Geschnitten wird schräg etwa fünf Millimeter oberhalb einer nach außen zeigenden Knospe.

Beet- und Edelrosen werden auf circa 15 bis 20 Zentimeter zurückgeschnitten, so dass drei bis fünf Augen (Austrieb) übrig bleiben. Tipp: Zum Verjüngen der Rose einen mehrjährigen Trieb komplett herausnehmen. Bei **Strauchrosen** die Triebe des Vorjahres um etwa ein Drittel kürzen, die älteren (und damit stärkeren) Triebe auf drei bis fünf Augen zurückschneiden. Schwache Triebe und solche, die älter als vier Jahre sind, am Boden abschneiden. Bei **Kletterrosen** (öfter blühend) alle Triebe leicht einkürzen. Auch hier können ältere Ranken komplett entfernt werden.

Beetrose 'Just Joey'

Kletterrose 'Jasmina'

Kletterrose 'Amadeus'

von Poulsen sind etwa 2,50 Meter hoch. Die kleinblumigen Blüten sind dicht gefüllt und verströmen vorm Schlafzimmerfenster den ganzen Sommer über einen Wildrosenduft. Am Rosenbogen wurde links und rechts je eine robuste gelbe Kletterrose 'Golden Gate' von Kordes gesetzt (Wuchshöhe drei Meter). Gemeinsam am Gitter verstehen sich die stabile Kletterrose 'Amadeus' mit ihren blutroten, halbgefüllten Blüten und die mondäne Edelrose 'Beverly' mit ihren zartrosa Blüten, die einen kräftigen Zitrusduft verströmen. Am Sitzplatz im Oberen Garten wurde 2017 die gelbe Zwergrose 'Towne & Country – Excellent Cover Pultc017' (40 bis 60 Zentimeter) gesetzt. Dahinter gibt es seit August 2020 eine stattliche Nachbarin: Die Ramblerrose 'Felicite et Perpetue'. Diese wächst schnell und aufrecht und kann eine Höhe von fünf bis sieben Metern erreichen. Die Blüten sind milchweiß, klein und dicht rosettenartig gefüllt. Im 2016 neu gestalteten Vorgarten wurde die Beetrose 'Hansestadt Rostock' gepflanzt, eine sehr robuste Sorte mit bernsteinfarbigen Blüten. Und nicht zu vergessen: Die 'Just Joey', eine herrliche Schnittrose mit kupfrig-orangen Blüten.

Die Rosen-Romantik setzt sich im Unteren Garten mit einem Spalier aus mehreren Rosenbögen fort. Es ist ein Höhenrausch, denn die Kletterrosen schaffen lässig zweieinhalb bis drei Meter. Einige blühfreudige Sorten: 'Jasmina' (violett-rosa), 'Laguna' (pink), 'Hella' (weiß), 'Alaska' (weiß). Die durchgehende Randbepflanzung punktet mit Beetrosen, deren Namen den Besitzern nicht mehr alle bekannt sind. Neben der Pergola setzt sich seit dem Jahr 1995 'The Queen Elizabeth' (70 Zentimeter) mit ihren silbrig-rosa Blüten in Szene. „Von den ursprünglich 15 Stück sind noch 12 da“, freut sich Anita Griesbeck, während ihr Mann die Knospen mit der Kamera festhält. Ausdauernde Lieblinge sind auch die sechs goldgelben 'Friesia' (40 bis 60 Zentimeter) am Teich. Zehn Stück wurden davon 1995 gepflanzt, vier haben sich mittlerweile verabschiedet. Die üppige Blütenpracht gibt es nicht umsonst: Rund 20 Stunden sind jedes Frühjahr alleine für den Rosenschnitt einzuplanen. „Im April/Mai erhalten die Rosen die erste Düngergabe. Ende Juni erfolgt eine Nachdüngung und im Juli wird großflächig Verblühtes entfernt“, berichtet der Hobbygärtner. Ende Oktober werden die Rosen zum Schutz der Veredelungsstelle etwas angehäufelt. Ab Mitte November kürzt Hans Griesbeck lange Rosentriebe um etwa ein Drittel zurück.

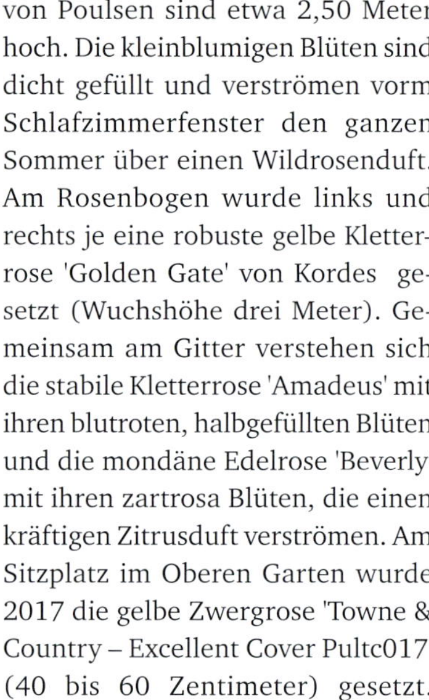

KLETTERROSE 'HELLA'

Es handelt sich um eine öfterblühende Rose mit reinweißen, halbgefüllten, schalenförmigen Blüten. Auffallend sind die goldgelben Staubgefäße. Der Duft ist dezent. Die Rose ist seit 2009 im Handel und zeichnet sich durch viele Triebe, Blühfreude und gute Resistenz gegen Sternrußtau aus. Die Kletterrose wird zwei bis drei Meter hoch und wächst etwa einen Meter in die Breite.

» IM APRIL/MAI ERHALTEN DIE ROSEN DIE ERSTE DÜNGERGABE. ENDE JUNI ERFOLGT EINE NACHDÜNGUNG UND IM JULI WIRD GROSSFLÄCHIG VERBLÜHTES ENTFERNT. «

Die Gartenzimmer sind mit Kunstwerken „möbliert“, die sich nicht in den Vordergrund drängen. Die Vielfalt ist auch hier groß: Von den „Oberpfälzer Ratschkathln“ bis zum Flötenspieler am Brunnen, vom Buddha bis zur Göttin Devi. „Kleinkunstwerke machen den Garten lebendig und spannend“, betont Hans Griesbeck. Zum Teil sind es Unikate und oft gibt es einen persönlichen Bezug. Das gilt auch für den Löwen am Gartenteich, dessen Herbergsuche schließlich im Garten des damaligen Gemeinderates und späteren Zweiten Bürgermeisters von Sinzing endete. Das Grundstück weist ausgedehnte, in Form geschnittene Begrenzungshecken (Liguster) und Buchsbaumpflanzungen (verschiedene Arten) auf, die es auch in Solitärform gibt. „Der Buchsbaumzünsler wurde mit entsprechendem Einsatz in seinen Auswirkungen in Grenzen gehalten“, freut sich der Hobbygärtner.

Den Charakter des Donauschwemmlandes findet man in den höher liegenden Sinzinger Gärten nicht. Wie der ehemalige Kommunalpolitiker ausführt, gibt es im Untergrund Kalksteinschichtungen, darüber starke Lehmschichten, überdeckt mit einer etwa 40 Zentimeter schweren Humusschicht. Selbst gewonnener Kompost wird immer wieder verteilt. „Bei Pflanzungen lockere ich den relativ schweren Boden mit einer Alpenhum-Pflanzerde auf“, erklärt Hans Griesbeck. Ein Faible hat das Paar auch für Asiatische Gärten mit ausdrucksstarken Kunstwerken, so dass mittlerweile schon drei angelegt wurden. Der bunte „Himalaya-Bogen“ ist allerdings ein Phantasieprodukt aus einer Teppichstange sowie Holzbohlen mit Blechabdeckung.

Es gibt auch einen Nutzgarten auf rund 100 Quadratmetern, unter anderem mit Hochbeet. „Der jährliche Anbau variiert“, sagt Anita Griesbeck. Salat, Erdbeeren, Zucchini, Paprika, Spitzkohl, Rhabarber und verschiedene Gewürzkräuter wie beispielsweise das Currykraut sind meistens aber dabei. Obstbäume (Apfel, Zwetschge, Quitte, Birne und Kirsche) und Beerensträucher runden das kulinarische Angebot ab und sind auch die Basis für Gelees, ebenso wie die Früchte der Felsenbirne und die roten Weintrauben der Sorte 'Isabella' mit ihrem Waldbeeren-Aroma. Die 'Isabella' (Ernte 2020: 80 kg Trauben) kann das Ehepaar nur empfehlen. Der Weinstock treibt früh aus und beeindruckt mit bis zu fünf Meter langen Ranken. Auch ein Liebling: Die Säulenkirsche 'Sylvia', eine kompakt wachsende Süßkirsche mit großen und sehr süßen Früchten.

GARTENWISSEN

Kleine Pflanzenauswahl der Griesbeck-Asia-Gärten

Ginko klein 'Biloba Troll' (Fächerblattbaum ohne Ansprüche an den Boden; maximale Höhe 1 Meter)

Azalea 'Painted Lady' (goldorange-mehrfarbige und adrett geformte Blüten)

Azalea 'Geisha Purple' (flacher Wuchs, im Mai purpurrote Blüten)

Lorbeerrose, Kalmia latifolia (giftiger Strauch mit schönen, zarten Blüten und wintergrünen glänzenden Blättern)

Braunrotes Stachelnüsschen 'Kupferteppich', Acaena microphylla (idealer Bodendecker mit teppichartigem Wuchs, fünf bis zehn Zentimeter hoch)

Funkie 'Hosta Valley's Sushi' (überhängendes, grünes Blatt mit weißem Rand)

Fächerahorn 'Orange Dream' (früh austreibende Blätter in Goldorange, die im Laufe des Jahres in wechselnden Schattierungen leuchten)

Korallenahorn 'Sangokaku' (Fächerahorn mit leuchtend roter Rinde)

Perlfarn, Onoclea sensibilis (halbschattige bis schattige Standorte, breitet sich durch seine kriechenden Rhizome recht schnell aus)

Storchschnabel 'Ballerina', Geranium cinerium (polsterbildende Zwergform für trockene Standorte, hellviolett-rosa Blüten)

Zwerg-Taglilie 'Stella de Oro' (ausdauernde gelbblühende Taglilie, bis 40 cm hoch)

Libelle am Gartenteich: Sie kann jeden ihrer vier Flügel einzeln bewegen.

Die Wasseranemone (Anemopsis californica) blüht von Juli bis August.

Im Anwesen Griesbeck wird natürlich auch das Thema „Wasser im Garten" bestens erfüllt. Ein Naturteich (mit Folie, aber ohne Fische) auf rund 25 Quadratmetern wurde im Osten des Grundstücks angelegt. Dazu gibt es einen kleinen Kunststoffteich (circa 1,5 Quadratmeter) im sogenannten Außenbereich. Beide Wasserstellen werden von Vögeln, Insekten und Kleintieren gerne als Tränke und Badegelegenheit angenommen. Seerosen und Wasserpflanzen wie die gelbblühende „Europäische Seekanne" (Nymphoides peltatum) sorgen noch zusätzlich für Abwechslung. Gleich beim Eingang zum Garten fällt ein riesiger Quellstein auf. Dabei handelt es sich um einen „Mühlstein" aus der damaligen Papierfabrik. „Diesen hat mir mein Schulkamerad, der Sohn des ehemaligen Papierfabrikbesitzers verehrt", erklärt Hans Griesbeck.

Der Sinzinger Garten ist ein Naturjuwel auch für Tiere. Es gibt ein spezielles Igel-Haus unter den Sträuchern als Überwinterungsangebot, drei Insektenhotels und mehrere Vogelkästen. Altholz, als Anfall aus dem eigenem Garten, wird als gestalterisches Element in verschiedenen Bereichen aufgestapelt und dient als langjähriger Unterschlupf für verschiedenste Tiere. Im Jahr 2019 wurde beispielsweise der seltene Nashornkäfer gesichtet. Aber auch Bienen, Hummeln, Wespen, Hornissen und Schmetterlinge sind gern gesehene Gäste. Am Teich sorgen verschiedene Libellenarten und die Frösche für Leben. „Nicht zu vergessen die Spinnen mit ihren Netzkunstwerken, die das Sonnenlicht phantastisch in Regenbogenfarben einfangen", verweist Hans Griesbeck. Wenn sich Gäste angesagt haben, kommt eine Gartenbeleuchtung par excellence zum Einsatz. Neben 14 fest installierten Illuminationen – auch Löwenskulptur und Flötenspieler haben einen Strahler – gibt es Kerzen, Spirituslampen und Solarlichte. Fünf Wasserspiele, wie der plätschernde Quell am Mühlstein oder die Teichfontäne, werten die Gestaltung noch weiter auf. Der Garten bezaubert nicht nur mit einer Vielfalt an Pflanzen, sondern auch durch die Kreativität seiner Besitzer.

Diese „Gartenhexe" hat ihre Heimat bei den Griesbecks gefunden.

Das Igel-Haus in der Sträucherecke sorgt für einen ungestörten Winterschlaf.

DER GARTEN VON SONJA LEIN UND HANS W. MOLITOR-SCHLEYERBACH

Standort: Lupburg (Landkreis Neumarkt)

Grundstück: 2600 qm

Beschreibung: Der restaurierte ehemalige Pfarrhof beherbergt einen großzügig angelegten Wohngarten. Dieser ist mit attraktiven Pflanzengemeinschaften, darunter viele Rosen und Stauden, gestaltet. Zahlreiche Gartenzimmer – stilvoll mit Accessoires dekoriert – laden zum Verweilen und Genießen ein.

EIN MEKKA DER SINNESFREUDEN

Die drei Hühner auf der Kommunionbank haben einen guten Blick auf den Paradiesgarten im ehemaligen Pfarrhof. Sie müssen sich auch nicht entscheiden, ob sie den Nachmittag im Teepavillon, im Schaukelstuhl vor dem Backstüberl oder in der mediterranen Laube beim Gartenpool verbringen. Wären sie nicht aus Keramik, würden sie jedenfalls die Sitzbank vorm Stodl der Outdoor-Küche vorziehen.

Hier sind Gartenenthusiasten am Werk: In rund drei Jahrzehnten ist aus dem ehemaligen Pfarrgarten ein repräsentatives, naturnahes Gesamtkunstwerk entstanden, welches die Explosion der Blütenfarben mit dem Blau des Elements Wasser und dem Grün des Pflanzenhimmels vereint. Die Kompositionen sind kein Zufall: Sonja Lein und Hans W. Molitor-Schleyerbach kreieren Gartenbilder. Arrangements mit der Blütenfülle der zahlreich vorhandenen Englischen Rosen setzen sich romantisch in Szene. Wie mit einem dicken Pinsel gemalt wirken die großen Blütenschalen der rund 80 verschiedenen Strauchpäonien, die als Frühjahrsblüher die Blicke anziehen. Aber auch die „Möblierung" der Gartenzimmer ist vielfältig und alles andere als gewöhnlich.

Heilpraktiker Hans W. Molitor-Schleyerbach erwarb im Jahr 1989 den ehemaligen Gutshof der Urpfarrei See mit dem Ziel, einen Wohlfühlgarten anzulegen. Auch Gattin Sonja Lein verliebte sich in das Grundstück und beide schufen quasi als gemeinsames Lebenswerk eine „heile Welt im Garten Eden". Vorhandenes und Neues ergänzen sich dabei zu einem harmonischen Ganzen: So wie die naturbelassene Weiherlandschaft mit dem schwimmenden Entenhaus und den frisch

Strauchpäonie/Strauchpfingstrose, *Paeonia suffruticosa*

Neben den bekannten Staudenpäonien (Bauernpfingstrosen) gibt es die Strauchpäonien (auch Baumpäonie genannt), die bis zu zwei Meter hoch werden können. Da die Strauchpäonie sehr langsam wächst, dauert es Jahre, bis sich ein ordentlicher Busch entwickelt. Und sie gilt als Gehölz: Während bei der Staudenpfingstrose die oberirdischen Pflanzenteile über den Winter einziehen, bleibt der Strauch sichtbar und wirft nur die Blätter ab. Gemeinsamkeiten: Beide Gruppen sind Tiefwurzler, mögen sonnige Standorte, kommen gut mit Trockenheit klar und wollen an ihrem Platz bleiben. Es gibt einfache, halb gefüllte und gefüllte Sorten.

geschlüpften Wildenten-Küken zum überdachten Gartenpool mit mediterranen Kübelpflanzen und Weinspalier am Haus. Ebenso macht sich der große goldene Engel im Gebüsch nichts aus dem Buddha am Quellstein. Auch das Wechselspiel von Sonne und Schatten, von großen Blütenbällen und Blattschmuckpflanzen ist im weitläufigen Grundstück perfekt in Szene gesetzt. „Es ist eine geordnete Wildnis", sagt der Hausherr. Nadelbäume sucht man hier aber vergebens, stattdessen geben Birnenquitte, Strauchkastanie oder Drachenweide die Grobstruktur vor.

Die Staudenbeete, u.a. mit Iris und Frauenmantel, dürfen sich vor den Sträuchern als kleine Wildnis entwickeln.

Der Steg entlang des Naturweihers führt zum schwimmenden Entenhaus bei der Holzterrasse.

» ES IST EINE GEORDNETE WILDNIS. «

Der Rundgang startet am Gartentor gegenüber der Dorfkirche. Rosen und ihre Begleiter begrüßen mit Farbe und Duft und prägen zusammen mit unterschiedlichen Stauden den Vorgarten. Ein Beispiel: Die Ramblerrose 'Ghislaine de Féligonde' blüht eingerahmt von Katzenminze, Glockenblume, Spornblume und Schafgarbe. Rosenkugeln aus Glas stabilisieren und glänzen in der Sonne. Locker mit etwas Stroh oder Holzwolle ausgestopft sind sie ein trockener Zufluchtsort für Insekten. Entlang am Hanichelzaun geht es zum Gemüsegarten. Dieser ist als barocker Klostergarten gestaltet und hütet ebenfalls viele Schätze. Durch ein Hainbuchentor gelangen wir zum Seerosenteich und damit zum höchsten Punkt des Hanggrundstücks. Über Treppen und eine den Bachlauf überspannende Rundbrücke führt der Weg hinunter zum Entenweiher.

Der Holzsteg endet auf der Holzterrasse. Geranien in Töpfen und dahinter im Halbschatten die Hortensien setzen Akzente zum Schilf. Damit dieser von der Morgensonne verwöhnte Platz nicht nur zum Frühstücken genutzt wird, gibt es seit 2020 einen als Teehaus eingerichteten Pavillon.

Die überdachte Outdoor-Küche ist bestens ausgestattet und ein beliebter Freisitz mit Gästen.

GARTENWISSEN

ENGLISCHE ROSEN

Die Englischen Rosen gibt es seit den 1970er-Jahren. Sie sind eine Kreuzung aus Alten Rosen sowie Teehybriden und Floribundarosen. Die gefüllten Blüten (schalen- oder rosettenförmig) und der starke Duft verströmen ein romantisches Flair. Vorteil: lange Blütezeit und robuster Wuchs. Eine kleine Auswahl an interessanten Sorten: 'Gertrude Jekyll' und 'Mary Rose' (rosa Blüten), 'Graham Thomas' (gelb), 'The Prince' (rot).

Nur wenige Stufen entfernt zieht der acht Meter tiefe Grundwasser-Brunnen die Aufmerksamkeit auf sich. Dieser „speist“ die Teiche und auch die mächtigen Kalkstein-Futtertröge, die sich mittels Rohr und Pumpe in ein plätscherndes Wasserspiel verwandeln. Hier geht es zum alten Pferdestall, der jetzt als Werkstatt und als Lager genutzt wird. Die angrenzende Scheune ist voll mit historischen landwirtschaftlichen Gerätschaften, deren Sammlung ein weiteres Hobby von Hans W. Molitor ist. Unter dem Vordach stehen Vasen und Gefäße mit Wildblumen-Sträußen. Sonja Lein liebt diese ungezwungenen Arrangements, die man bei vielen Sitzplätzen findet. An der Westseite des Stadels genießt das Ehepaar nach getaner Arbeit gerne die untergehende Sonne samt Blick zum Kirchturm. Übrigens: Urlaubsreisen in die Sonne gibt es meist nur im Winter. Denn im Sommer bietet der mediterrane Garten hinterm Haus ein südländisches Flair mit Poollandschaft und Kübelpflanzen. Zum Haus führt ein Laubengang aus Weinstöcken. „Alles Rotwein-Reben“, erklärt der Hausherr. Die Steinquader aus Altmühltaler Jurakalk, die zu einer Art Sitzinsel geschichtet sind, bezeichnet er als guten Platz zum „Batterie-Aufladen“ nach langen Praxistagen.

Am anderen Ende des Gartens findet sich ein Stück grüner Rasen. Und ein neuer Backofen, der den Eindruck erweckt, schon Jahrhunderte alt zu sein. Einmal im Monat liegt hier der Duft von frisch gebackenem Brot in der Luft. Gleich daneben sitzen drei zufrieden dreinblickende Keramik-Hühner auf einer ehemaligen Kommunionbank. Die Sichtachse reicht bis zur geräumigen Outdoor-Küche. Das Ehepaar kocht und tafelt gerne im Garten. Eine verglaste Pergola mit handgehauenen Balken schützt das Interieur vor Regen. Für Gäste ver-

Dieser romantische Sitzplatz beim uralten Steintrog ist nur eine von vielen Wohlfühlecken.

borgen bleibt die Tatsache, dass das gesamte Grundstück mit Leitungen und Kabeln durchzogen ist. „Am Abend wird der Garten illuminiert“,

» AM ABEND WIRD DER GARTEN ILLUMINIERT. «

erklärt Hans W. Molitor Schleyerbach. Dann setzen sich nicht nur die Pflanzenbilder gekonnt in Szene, sondern auch die vielen Accessoires, welche Sonja Lein passend zum Stil des Landhausgartens platziert hat.

DER GARTEN VON MONIKA UND HATTO LEHMER

Standort: Wenzenbach (Landkreis Regensburg)

Grundstück: 1200 qm

Beschreibung: Große Bäume und Sträucher sowie zwei Teiche geben die Grundstruktur des Hanggartens vor. Dieser entstand ab dem Jahr 1985 mit viel neuer Erde auf einer ehemaligen Tongrube. Hier darf alles nebeneinander wachsen und gedeihen. Egal ob Borretsch zwischen den Rosen oder ein Zitronenbäumchen neben einem Haselnussstrauch. Rund um das Haus gibt es viele Sitzgelegenheiten. Ein verschlungener Weg führt durch einen ausgedehnten Schattenbereich.

TONGRUBE WIRD TRAUMGARTEN

Die „Mitbringsel-Steine" aus den Familienurlauben reichen für einen ganzen Weg. Drei Basaltsteine beispielsweise hat Monika Lehmer im Abendkleid nahe Verona aufgelesen. Bei den Pflanzen sind ihr die Blattstrukturen und Farben wichtig. Es gibt nur wenig Gelb, dafür viel Blau, Weiß, Rosa und Lila. Garten und Gärtnerin sind andauernd im Fluss, um Optik und Standortwahl zu optimieren. Ehemann Hatto hat nicht nur den Boden dafür bereitet, er sorgte auch für Licht, indem er den Weihnachtsbaum zehn Jahre lang im Garten fällte.

„Ich kann nicht so ordentlich pflanzen“, entschuldigt sich Monika Lehmer. Doch das nimmt man ihr nicht ab. Denn der Garten wirkt vor allem durch die durchdachten Konzepte,

» ICH FING MIT EINEM BAUCHGEFÜHL AN UND WUSSTE NICHT, WIE ES MAL AUSSCHAUEN WIRD. «

was Farben und Blattstruktur betrifft, sehr harmonisch. Das Ehepaar hat das Anwesen am Ortsrand im Jahr 1985 gekauft und komplett umgestaltet. „Es gab nur Fichten, Kiefern, Berberitzen und stachelige Zwergmispeln“, erinnert sich die Einrichtungsberaterin. „Nichts hat geblüht, es war sehr öde.“ Die großen Fichten wurden gleich abgesägt, die kleineren dann jeweils zu Weihnachten. „Ich fing mit einem Bauchgefühl an und wusste nicht, wie es mal ausschauen wird“, sagt Monika Lehmer und ergänzt: „Klar war nur, dass ich Wohlfühl-Ecken wollte.“ Drei Jahrzehnte später ist ihr klar: „Ich habe den Garten gesucht, und wir haben uns beide gefunden!“

Dass das Abenteuer mit Erfolg gekrönt war, daran hat natürlich auch Gatte Hatto seinen Anteil. Er half beim praktischen Part und wenn er davon erzählt, merkt man sofort, mit welchem Enthusiasmus er an die Aufgabe gegangen ist: „Zuerst wurde die extreme Hanglage modelliert und dafür zig Lkw-Ladungen mit Erde angekarrt.“ Denn wie er berichtet, liegt das Grundstück in einem Tonabbaugebiet mit Lehmboden. „Nicht umsonst gibt es am Ort eine Ziegelstraße.“ Und der Betriebswirt im Ruhestand betont: „Es war eine Herausforderung, aber es hat Spaß gemacht.“ Dass hier jetzt alles wunderbar wächst, liegt seiner Meinung nach am Kompost. Dieser wurde gleich anfangs in größeren Mengen zur Bodenverbesserung aufgebracht. Je nach Bedarf der Bepflanzung gibt es jährlich eine Gabe vom eigenen Kompostplatz. Für dessen Füllung steht laut dem Hausherr „viel Substanz an Unkraut und Strauchschnitt zur Verfügung“.

Die extreme Hanglage wurde mit einer Terrassierung in Form gebracht.

GARTENWISSEN

Der Boden ist die Basis

Für ein gesundes Wachstum benötigen Pflanzen einen für sie geeigneten Boden. Ein guter Gartenboden speichert genügend Nährstoffe und Wasser, hat eine krümelige Struktur und ist gut durchlüftet. Diese Eigenschaften werden durch das Zusammenspiel von Sand, Lehm, Ton und Humus erzeugt. Es gibt leichte und schwere Böden und als Zwischenstufe den sandig-lehmigen Boden (ideal!). Schwere Böden enthalten viel Ton und Lehm. Sie speichern gut, neigen aber zur Staunässe. **Tipp:** Im Gemüsegarten regelmäßig tief umgraben, Sand, Kompost und Mist zur Verbesserung einarbeiten. Leichte Sandböden sind gut durchlüftet (mit Sauzahn lockern reicht meist). Sie können aber schlechter Nährstoffe und Wasser speichern. **Tipp zur Bodenverbesserung:** Gründüngung, Mulchen und regelmäßige Versorgung mit Tonmehl, Kompost oder Mist. Am besten gedeihen die meisten Pflanzen auf einem sandigen Lehmboden. Dieser ist locker und meist sehr humos.

Bodenprobe: Mit einer einfachen Handprobe kann man seinen Boden etwas besser einschätzen. Dazu aus etwa 30 Zentimeter Tiefe eine Handvoll Erde nehmen, zwischen den Handflächen zu einer Kugel formen und anschließend zu einer Wurst rollen. Klappt dies gut und die Erde glänzt und fühlt sich glatt und klebrig an, dann ist es zum Großteil ein Tonboden. Wenn die Erde nicht an den Händen klebt, sich aber trotzdem gut formen lässt, dann ist es ein schwerer Lehmboden. Zerkrümelt die Erde beim Zusammendrücken und lässt sich keine Wurst formen, ist es ein Sandboden. Genauere Daten liefert eine Bodenanalyse im Labor, welche etliche Gartenbauvereine und Landratsämter immer mal wieder als Sammelaktion anbieten.

Blüten in Pastellfarben gehören zu den Favoriten von Monika Lehmer.

Der gefüllte rosa Mohn sät sich selber aus und darf durch die Beete wandern.

Glockenblumen sind pflegeleicht und blühen auch im Halbschatten üppig.

Nach und nach hat das Paar dann den Garten eingerichtet. Den Anfang machte ein kleiner Teich direkt bei der Terrasse. Der große Weiher im unteren Bereich entstand Anfang der 90er-Jahre: Bei Kanalarbeiten im angrenzenden Ackergrundstück hob ein Bagger die Mulde im Lehmer-Garten gleich mit aus. Zwischenzeitlich ist hier ein Biotop mit vielen Sumpf- und Uferpflanzen entstanden. Monika Lehmer erinnert sich an die Umsetzung des Projekts zusammen mit ihrer Tochter: Gemeinsam wurde die Schlauchwaage ausgelegt, welche den späteren Wasserstand im Teich symbolisiert beziehungsweise simuliert und so eine große Hilfe bei der Anlage war. Es wurde eine Teichfolie ausgelegt und Seegras gepflanzt. Dieses sollte das Wasser klarhalten, damit es nicht kippt, und die Algen abhalten. Das Wasser wurde dann auch die ganzen Jahre nie abgelassen, „aber wir steigen im Sommer in Badekleidung in den weichen Schlick der Sumpfzone und holen zur Abmagerung etwas Seegras heraus“. Auch die zahlreichen und wunderschön blühenden Seerosen werden so in Schach gehalten. Nach dieser Intensiv-Pflege finden sich auch die großen Steine wieder, welche bei der Anlage einzeln reingelegt wurden. Oben beim Haus fällt ein rosa Granitfelsen aus Schweden auf. Dort wohnt die Tochter seit einigen Jahren mit ihrer Familie.

Seerosen bringen jeden Gartenteich zum Blühen. Die naturnah angelegte Wasserfläche bietet vielen Pflanzen und Tieren eine Heimat. Der Holzsteg führt weiter zum Schattengarten.

Die Clematis räkelt sich neben der rotblühenden Staude „Brennende Liebe“.

Schonend eingreifen, das gilt für den gesamten Garten. Das Motto lautet: „So schneiden, dass man es nicht sieht.“ Natürlichkeit ist Monika Lehmer auch in den Beeten wichtig: „Nicht so perfekt pflanzen, sondern mit leichter Hand, damit es wie hingeworfen ausschaut.“

» NICHT SO PERFEKT PFLANZEN, SONDERN MIT LEICHTER HAND, DAMIT ES WIE HINGEWORFEN AUSSCHAUT. «

Lieblingspflanzen hat die Hobbygärtnerin keine. Sie mag Funkien genauso gerne wie Rosen und für sie „sind auch vermeintliche Unkräuter schön“. Wichtig ist der früheren Einrichtungsberaterin aber die Farbe: Es gibt wenig Gelb zu sehen, dafür viel Blau, Weiß, Rosa und Lila. Mit der Zeit hat der Garten sein eigenes Leben entwickelt und wurde für das Ehepaar zu einer Art Meditationsraum. Im Schattengarten beispielsweise wähnt man sich wie in einer Waldlichtung. Monika Lehmer übt sich aber nicht in Stillstand, sondern ist „immer im Fluss“. Stauden werden im Hinblick auf die Optik immer wieder versetzt und die Wirkung der Blattstruktur im Auge behalten: „Rund, spitz, groß oder klein muss zusammenpassen.“ Wie sie betont, hat sie erst nach und nach den Blick dafür bekommen. Deshalb gebe es „gute Ecken und andere, wo noch etwas Handlungsbedarf besteht“. So bleibt sie weiter am Ball, um Plätze zu finden, wo die Pflanzen in passenden Kombinationen gut gedeihen.

Sogar den Kompostplatz nutzt das Ehepaar zum Entspannen. Die Klinkersteine (hinten, links) verbergen die Gartenabfälle, während am Haufen (rechts) der fertige Kompost lagert.

GARTENWISSEN

Schattengarten

In den schattigen Bereichen stehen nicht die Blüten, sondern die Blätter mit ihren unterschiedlichen Formen, Texturen und Strukturen im Vordergrund. Die Auswahl an mehrjährigen Blattschmuckpflanzen ist groß, wie beispielsweise mit Funkien (4000 Sorten!), Farnen, Elfenblume, Bergenien und Ziergräsern. Farbpunkte setzen: Astilben, Lungenkraut und Tränendes Herz (rosa), Kaukasus-Vergissmeinnicht und Gedenkemein (blau) sowie Akelei (blau, rosa) oder Sterndolde (lila, weiß). Auch „Einjährige“ bringen Farbe, wie beispielsweise Fleißiges Lieschen, Fuchsie, Lobelie, Buntnessel oder Stiefmütterchen.

Walderdbeere (Fragaria vesca)

Standort: sonniger bis halbschattiger Platz. **Boden:** Je näher die Beschaffenheit an den lockeren, humosen Waldboden heranreicht, desto besser können sie Wurzeln schlagen. **Pflanzzeit:** Juli/August. **Ernte:** Walderdbeeren bieten den ganzen Sommer über ein Naschvergnügen (immerwährende Ernte). Die Früchte sind zwar deutlich kleiner als bei den Kultursorten, aber ihr Aroma ist einzigartig.

Auch wenn ihr die Gestaltung sehr wichtig ist, möchte Monika Lehmer keinen dekorierten Garten: „Wirken sollen die Pflanzen." Diese kommen auch im Schattenbereich sehr gut zur Geltung. Wer hier den verschlungenen Treppenweg mit den verwilderten Stufen entlanggeht, kann es sich nicht verkneifen, von den kleinen roten Früchten der Walderdbeeren zu naschen, die hier im Halbschatten gut gedeihen. Ein Igel fühlt sich im Dickicht wohl, und spaziert ab und zu über die Terrasse. Wühlmäuse dagegen sind weniger gern gesehene Gäste. Die patente Gärtnerin gießt Buttermilch in die Löcher, „das riecht übel", und sie versenkt getränkte Spiritusläppchen. Schließlich haben die Wühlmäuse alle Wurzeln der schön gewachsenen Kletterrose abgebissen. Bei jeder Neupflanzung wird jetzt präventiv der Wurzelbereich in Hasengitter gehüllt. In all den Jahren ist eben nicht nur der Garten gewachsen, sondern auch das Gärtnerwissen!

Steine und Kübelpflanzen grenzen den Hang zum Hauseingang ab.

In der Scheune ist Platz für die Gartengeräte; dahinter grenzt der große Nutzgarten an.

Auch ein gut bestückter Gemüsegarten schmiegt sich an den natürlichen Hang entlang der Grundstücksgrenze. Mittels Granitsteinmauern wurden Terrassen für ebene Beete geschaffen. Unten hält ein Gartenhäuschen den Wind ab. Unter dem Vordach steht ein Holztisch für die Ernte. „Da setz ich mich auch gerne hin, wenn ich meine Ruhe haben möchte", sagt Monika Lehmer. Sie schätzt auch den schattigen Platz unter dem Nussbaum: „An heißen Tagen einfach wunderbar!" Übrigens: Nach zwei Jahren Frostschäden mit null Ernte, war der Baum 2020 eine einzige Freude: „Ich hab 74 Kilo Walnüsse verschenkt."

Vieles im Garten hat eine Geschichte. „Die Menschen, die mir Pflanzen geschenkt oder hier mitgearbeitet haben, bleiben mir damit immer präsent", sagt Monika Lehmer. An schöne Urlaubstage wird das Ehepaar am „Mitbringsel-Steine-Weg" erinnert. Natürlich haben sie immer mal wieder auch Pflanzen mit in die Oberpfalz geschleppt, so wie das Zitronenbäumchen aus Norditalien. Monika und Hatto Lehmer sind sich einig: „Unser Garten ist sehr privat." Denn hier gibt es viele uneinsehbare Rückzugsorte und Lieblingsplätze je nach Stimmung, Licht und Tageszeit: Eine kleine Tischgruppe inmitten einer Staudenrabatte, eine Holzbank am Teich, die Korbsessel auf der Terrasse oder die Liege vorm Kompostplatz. Ja, sogar dieser wirkt in diesem Garten einladend.

Verteilt im Garten gibt es gemütliche Sitzecken, die je nach Sonnenstand und Stimmung zum Relaxen einladen. Die Korbsessel auf der überdachten Terrasse markieren einen Lieblingsort des Ehepaares.

DER GARTEN VON LYDIA UND DR. GUSTAV MOISSL

Standort: Waldthurn (Landkreis Neustadt / WN)

Grundstück: 3000 qm

Beschreibung: Parkgarten mit gemütlichen Sitzplätzen und Terrasse, abgesetzt durch Stützmauern aus Feldsteinen. Hingucker sind der Gartenteich mit Schwimmzone und das große Spalier aus Zieräpfeln. Geschwungene Wege aus Granitsteinen führen rund ums Haus.

EIN GARTEN DER GROSSEN GESTEN

Diesen Garten entdeckt man am besten barfuß: Denn ohne Schuhe spürt man das saftig dichte Gras zwischen den Zehen und erkennt: Es ist wirklich ein Rasen und kein grüner Teppich! Das satte Grün bildet einen Ruhepol zu den Farbklecksen der Lilien und Rosen beim Schwimmteich. Spätestens hier sind nackte Füße dann wirklich von Vorteil.

„Nein, wir haben keinen Gärtner", sagt Lydia Moissl, noch bevor ich meine erste Frage stellen kann. Und Gatte Dr. Gustav Moissl ergänzt lachend: „Wir sind Rentner und haben Zeit." Statt der Arbeit in der Arztpraxis ist jetzt das Hobby Gartenarbeit ihr gemeinsames Ding. Rund 3000 Quadratmeter am Ortsrand von Waldthurn bieten dazu genügend Bewegungsraum. Das parkähnlich gestaltete Grundstück erschließen geschwungene Wege aus Granitstein. Im Eingangsbereich geben Stützmauern aus Feldsteinen die Struktur vor, verstärkt durch prächtige Hortensienbüsche und in Form geschnittene Hainbuchen. Hinter dem Haus ist alles noch etwas großzügiger: Der offene Blick in die Landschaft lässt die Freiheit förmlich einatmen. Ab 1955 nutzten die Eltern der Hausherrin den vorderen Bereich überwiegend als Obstwiese. Nach und nach kam etwas dazu und vor rund drei Jahrzehnten kaufte das Ehepaar Moissl eine weitere Fläche am Haselranken, pflanzte Bäume und Sträucher als Windschutz und schuf eine Oase für Vögel

» TAGLILIEN NACH DER BLÜTE ZURÜCKSCHNEIDEN, DANN BLÜHEN SIE EIN ZWEITES MAL. «

und Kleintiere. Besuche von Eichhörnchen und Fröschen sind hier ausdrücklich erwünscht! Es gibt mehrere Terrassen, die je nach Wind und Sonnenstand zum Lieblingsplatz der Familie werden.

GARTENWISSEN

Organischer Dünger:
Kompost, Hornspäne, Hornmehl, Mist, Guano, Pflanzenjauche, Mulch.

Mineralischer Dünger:
Stickstoffdünger, Phosphordünger, Kaliumdünger, Mehrnährstoffdünger, Spezialdünger, Flüssigdünger.

Das Zierapfel-Spalier ist zu allen Jahreszeiten ein Hingucker, besonders aber zur Frühjahrsblüte und mit den roten Äpfelchen im Herbst.

Der Schwimmteich ist in mehrere Zonen gegliedert.

» DAS GEHEIMNIS FÜR EINEN SAFTIG-GRÜNEN RASEN: MÄHEN, MULCHEN, DÜNGEN. WIR DÜNGEN DREIMAL IM JAHR UND ZWAR IM MAI, IM LAUFE DES SOMMERS UND DANN IM OKTOBER MIT EINEM SPEZIELLEN HERBSTDÜNGER. «

GARTENWISSEN

Pflanzen am Wasser
Ein Teich benötigt tiefe und flache Zonen, in denen die jeweils typischen Pflanzen über oder unter dem Wasser gedeihen. ***Zone 1/*** Teichrandzone: Zwergkalmus, Schlangenknoterich. ***Zone 2/***Feuchtzone (15 cm): Uferpflanzen wie Sumpfdotterblume, Rosenprimel, Sumpfkalla, Sumpf-Schwertlilie oder Wasserminze.

Zone 3/Sumpfzone (15 bis 40 cm): biologisch wichtig, da hier die wichtigsten Sumpf- und Wasserpflanzen gedeihen wie Japanischer Schachtelhalm, Hornkraut, Laichkraut, Wasserpest, Froschlöffel, Pfeilkraut oder Thalia. ***Zone 4/***Schwimmblattpflanzen (40 bis 120 cm): Seerosen, Seekanne, Teichmummel. ***Zone 5/***Schwimmpflanzenzone: An der Wasseroberfläche gedeihen Schwimmpflanzen wie der Wassersalat oder der Schwimmfarn gut. Sie treiben flach auf dem Wasser und strecken ihre Wurzeln in den Teich.

Gut gegen Algen sind starkzehrende Pflanzen wie die Zwergbinse, Sumpfiris, Tannenwedel, Pfennigkraut, Tausendblatt, Hornkraut, Wasserpest, Seerosen, Wasserlinse, Schwimmfarn und Froschbiss.

Angekommen beim Gartenteich fällt der Blick sofort auf den Holzsteg und den Tisch mit den acht weißen Stühlen. Libellen proben den Flügelschlag und Schmetterlinge laben sich an den Blüten in der Uferzone. „Der Weiher war schon immer da", sagt Lydia Moissl. 2013 entschloss sich das Ehepaar, einen großen Naturteich mit Schwimmzone anzulegen. Die riesige Teichlandschaft wurde mit circa 50 Kubikmetern Wasser befüllt. Das geflieste Becken in der Mitte ist etwa 1,30 Meter tief. „Es reicht zum Abkühlen, für Wassergymnastik und auch für kurze Schwimmrunden. Im Sommer bin ich jeden Tag drin", schwärmt die Gartenbesitzerin. Aber auch die Enkel und die Nachbarskinder genießen das kühle Nass, „oder suchen mit der Taucherbrille nach Molchen". Der Teich punktet aber auch mit seinen „inneren Werten": Mittels großzügiger Flachzone mit Kies und Bepflanzung – quasi als biologische Selbstreinigungsstrecke – regeneriert sich die Anlage selber. „Keine Chemie, alles biologisch", bekräftigt Dr. Gustav Moissl. Er freut sich über wenig Algen und das klare, natürliche

Im Moissl-Garten sind geschwungene Linien angesagt, egal ob es sich um die Mähkante oder den Holzsteg handelt.

Wasser. „Pflanzen wie Hornblatt, Laichkraut oder Wasserpest nehmen Nährstoffe über das Blatt auf und geben Sauerstoff ab“, schiebt er als Erklärung nach.

Den harmonischen Eindruck des Gartens verstärkt die wunderbar gepflegte Rasenfläche. Diese wurde vor sieben Jahren als Rollrasen angelegt und hat sich prima gehalten. Das Geheimnis: Mähen, Mulchen, Düngen. Der Rasenroboter parkt fast unsichtbar im Staudenbeet und fährt jeden zweiten Tag über den grünen Teppich. Das kurze Mähgut bleibt quasi als dünne Mulchschicht liegen. „Wir düngen dreimal im Jahr und zwar im Mai, im Laufe des Sommers und dann im Oktober mit einem speziellen Herbstdünger“, informiert der Hausherr.

Pflegeleicht erweisen sich die zahlreichen Sträucher und Stauden. Ein Bewässerungssystem gibt es nicht: „Die sind ja gut eingewurzelt“, meint Lydia Moissl. Im Frühjahr wird organischer Naturdünger auf allen Beeten aufgebracht. Lediglich die Rosen – für sie ist der Hausherr zuständig – erhalten etwas mehr Aufmerksamkeit und zum Start ins Gartenjahr sowie nach der ersten Blüte eine „Nahrungsergänzung“ mittels mineralischem Dünger. Die Kletterrosen beim Pavillon danken es mit zartrosa Schönheit.

ZIERAPFEL

Der Zierapfel ist ein Wildobst und in vielen verschiedenen Sorten und Wuchsformen erhältlich. Er kann als Strauch, kleiner Hausbaum, im Kübel auf der Terrasse oder als Spalier oder blühende Hecke Einzug in den Garten halten und muss nicht regelmäßig geschnitten werden. Im Frühling bezaubert der Zierapfel mit einer berauschenden Blütenfülle auch die Bienen. Im Herbst sind die Mini-Früchte (gelb bis rot) ein Blickfang und essbares Wildobst, das sich gut zu Gelee oder Mus verarbeiten lässt. Naturfreunde lassen die kleinen Äpfelchen für die Vögel hängen.

Die Schätze der Gattin sind die riesigen Hortensienbüsche und die pflegeleichten Lilien am Teich: „Taglilien nach der Blüte zurückschneiden, dann blühen sie ein zweites Mal.“ Zu ihren Lieblingen gehören auch die Pfingstrosen, „die sind überall mit drin“. Und noch ein Tipp: „Damit die Rhododendren im nächsten Jahr wieder üppig ansetzen, die verblühten Spitzen ausbrechen.“

Genuss wartet im Hochbeet mit Kohlrabi, Zucchini, Pflücksalat, Petersilie und Kürbis. Gleich daneben bietet die Nasch-Ecke mit den Beerensträuchern (Schwarze Johannisbeere, Aroniabeere) eine willkommene Abwechslung. Die drei Eisenholzbäume (Parrotien) bringen den Garten mit ihrer kupferroten Herbstfärbung zum Leuchten, unterstützt vom gelben Sonnenhut. Die drei kegelförmigen Hainbuchen an der Grundstücksgrenze bilden ganzjährig einen Blickfang. Ebenso das große Spalier mit Zieräpfeln. „Im Frühjahr ist der Anblick am schönsten. Aber 2020 hat leider der Frost die Blüten vernichtet, so dass jetzt nur wenige Äpfelchen zwischen dem Laub auftauchen“, bedauert Dr. Gustv Moissl.

Das Ehepaar hat immer gut zu tun: „Von Mai bis Oktober sind wir meist jeden Tag zwei bis drei Stunden im Garten beschäftigt.“ Im Winter teilen sie die Vorfreude auf den Frühling, wenn rund ums Haus ein paar Tausend Osterglocken und Tulpen erblühen.

Der Ziersalbei ist eine aromatische Beetstaude und fasziniert mit seinen violett-blauen Blüten. Er ist aber auch eine Nährpflanze für viele Insekten.

DER GARTEN VON INGRID UND BENEDIKT SCHMIDBAUER

Standort: Dautersdorf/Thanstein (Landkreis Schwandorf)

Grundstück: 3000 qm

Beschreibung: Terrassiertes Gartengrundstück mit extremer Hanglage. Auf zwei Ebenen geben die Rosen mit ihren Begleitstauden den Ton an. Am Haus stehen unzählige Töpfe mit Fuchsien und Kübelpflanzen. Im unteren Garten ist das Klima ideal für den Bauerngarten.

EINE GUTE ADRESSE FÜR ROSEN & CO.

„Am Abend sitz ich auf der Bank beim Entenhaus und schau auf meinen Garten hinunter", sagt Ingrid Schmidbauer. An ihrem Lieblingsplatz eröffnet sich ein Ensemble aus grünen Blättern, bunten Blüten und vielfältigster Dekoration. Hinter dem Taubenschlag weitet sich die Oberpfälzer Landschaft bis hinein in den Böhmerwald.

Ingrid Schmidbauer ist mittlerweile in Pension. Doch der Garten erinnert sie an allen Ecken und Enden an ihr Berufsleben, als sie als Postbotin durch die Dörfer fuhr. Denn als begeisterte Hobbygärtnerin war sie für viele eine gute Adresse, wenn überzählige Pflanzen abzugeben waren. Die Dautersdorferin nahm gerne auch „Krempel“ an, der ungenutzt herumstand, und füllte damit ihre Scheune. „Ich dekoriere den Garten immer mal wieder um“, sagt sie und zeigt ihre Schätze. Ingrid Schmidbauer war eine der ersten in der Region, welche ihre Gartenzimmer aufwendig ausstattete. So schwimmen in Guss- und Zinkbadewannen nicht nur Seerosen, hier räkeln sich auch Zucchini und Malven. Holzfenster, Schubladen, Stühle und Türen landeten statt im Sperrmüll in ihrem Lager. „Irgendwann kann ich es schon gebrauchen“, lautete dabei immer ihr Motto. Eine alte verrostete Schubkarre fand sie beispielsweise im Wald und pflanzte zu Hause Sommerblumen hinein. Die Eisenfigur „Herbstfrau“ wacht am Gartenteich, während liebliche Tongesichter den Stauden Gesellschaft leisten. Ingrid Schmidbauer hat eben nicht nur ein Händchen für Pflanzen.

'ROSARIUM UETERSEN'

Die Kletterrose 'Rosarium Uetersen' ist ein Hingucker in jedem Garten. Sie zeichnet sich durch nostalgisch gefüllte Blüten (Durchmesser rund zehn Zentimeter) aus. Von Juni bis Ende Oktober ist sie quasi als Dauerblüher im Garten präsent. Die Farbe wechselt im Laufe des Sommers vom kräftigen Dunkelrosa ins Mittelrosa. Die Rosensorte ist weitgehend gegen Pilzkrankheiten resistent.

» DIE HOCHSTAMMROSEN HABEN KEINE SO LANGE LEBENSERWARTUNG. «

Einer ihrer Lieblingsorte ist die Eisenlaube für die „Tee-Time“. Dort darf auch die Rose 'Rokoko' ihre orangen Blütenköpfchen vorwitzig durchs Gitter strecken. Gleich am Eingang grüßt die „Königin der Blumen" am Rosenbogen zusammen mit einer lilafarbenen Clematis. Apropos Rosen: Diese Sonnenkinder gibt es im mittleren Garten, so weit das Auge reicht. Getreu dem Motto „Rosen kann man gar nicht genug haben“, pflanzte Ingrid Schmidbauer von der Bodendecker- bis zur Ramblerrose alles querbeet. Ihre Lieblinge sind seit Jahrzehnten die Hochstammrosen, vor allem die 'Rosarium Uetersen'. Diese setzt, verteilt im ganzen Garten, mit ihren großen, nostalgisch gefüllten rosa Blütenbällen Akzente. Bei dieser Sorte handelt es sich um eine Kletterrose, die als Stammrose gezogen wurde. Von einigen Stämmchen hat sich das Ehepaar Schmidbauer im Laufe der

„Tee-Time“ in der Eisenlaube: Die Rose 'Rokoko' schaut zu.

Den Weg in den Garten säumen Töpfe und Rankbögen.

GARTENWISSEN

Stammrosen
Es gibt Zwerg-, Halb- und Hochstammrosen. Nachdem Rosen nicht von Natur aus auf einem Stamm wachsen, werden geeignete Sorten auf Wildrosen-Trieben herangezogen. Beim Pflanzen beachten: Stammrosen sind windanfällig und sollten eine stabile Stütze (Stab im Boden) erhalten. Die kompakte Wuchsform kann man durch den Schnitt erhalten. Der beste Zeitpunkt, um Rosen zu schneiden, ist generell im März/April, wenn die gelben Forsythien blühen. Alle jungen Seitentriebe werden dabei auf etwa vier Augen zurückgenommen (immer schräg über einer nach außen wachsenden Knospe). Dünne und sich kreuzende Triebe werden entfernt. Wichtig ist ein lockerer Kronenaufbau, damit genügend Licht und Luft ins Innere kommen. Wenn es sich um eine Kletterrosensorte handelt, die als Stammrose veredelt wurde, reicht es, altes Holz und vertrocknete Zweige herauszuschneiden. Denn diese blüht nur am mehrjährigen Holz.

Jahre verabschieden müssen: „Die Hochstammrosen haben keine so lange Lebenserwartung." Neue Exemplare wurden nachgepflanzt. Natürlich mit Bodenaustausch. Denn dort, wo schon einmal eine Rose stand, entwickelt sich eine Nachfolgerin nur sehr schlecht.

» VIELE TRAUEN SICH NICHT AN ROSENSTÄMMCHEN HERAN, WEIL SIE DIE ARBEIT MIT DEM WINTERSCHUTZ FÜRCHTEN. DOCH DAS IST HALB SO SCHLIMM. «

„Viele trauen sich nicht an Rosenstämmchen heran, weil sie die Arbeit mit dem Winterschutz fürchten. Doch das ist halb so schlimm", meint Ingrid Schmidbauer. Die ersten Jahre hat sie die laubfreien Kronen über den Winter am Boden fixiert und die Veredelungsstelle mit Blumenerde bedeckt. Doch wenn die Stämmchen verholzt sind, lassen sie sich nicht mehr so leicht biegen. Alternativ schützte sie die Kronen mit Fichtenzweigen vor Kälte und Sonne oder auch mit Stroh und Vlies. In den letzten Jahren verzichtete sie allerdings auf den Winterschutz und stellte fest: „Die kamen auch so gut in den Frühling."

Im Dautersdorfer Hanggarten gibt es natürlich auch Kletter- und Strauchrosen, die mit ihren langen Trieben bis in den Oktober hinein für einen Blütenregen sorgen. „Die Beetrosen werden im Herbst mit verrottetem

Dekorativ: Die pflegeleichte Hauswurz in der Schublade.

Liebliche Tongesichter leisten den Stauden Gesellschaft.

Mist und Kompost angehäufelt. Im Frühjahr räume ich es auseinander und arbeite einen speziellen Rosendünger ein", erklärt die Hobbygärtnerin. Die Rosen teilen sich die Rabatten mit farblich angepassten mehrjährigen Begleitstauden, wie Frauenmantel oder Katzenminze. „Der gelbe Sonnenhut lässt weiße Rosen strahlen", weiß Ingrid Schmidbauer. Zu ihren rosa Lieblingen pflanzt sie mit etwas Abstand gerne Chinaschilf und Rutenhirse, die auch im Herbst noch ausdauernde Partner sind. Übrigens: Die Rutenhirse, ein pflegeleichtes Präriegras, wurde zur „Staude des Jahres 2020" gekürt. Staudenbeete empfindet sie als sehr pflegeleicht: „Ich hake die Beete im Frühjahr etwas durch und arbeite Hornspäne und Kompost ein."

Die vielen einjährigen Blumen zieht sich die Hobbygärtnerin selber heran. Ingrid Schmidbauer päppelt auch gerne kümmerliche Pflanzen-Sonderangebote auf und freut sich, wenn es ihnen gut bei ihr geht. In manchen Jahren sind es bis zu 300 Kübelpflanzen, die gegossen werden wollen, darunter 50 verschiedene Fuchsien. Ehemann Benedikt hat extra einen Überwinterungsraum gebaut. Auch die Beete wurden im Laufe der Jahre immer größer. Ein Vorteil für den Hausherrn: „Es gibt nicht mehr so viel Rasenfläche zu mähen."

Die Geschichte des Gartens beginnt im Jahr 1975. Ebenso wie die Familie veränderte auch er sein Gesicht. Schmerzhaft war dies für Ingrid Schmidbauer, als die über 20 Jahre alte, im Stil der Klostergärten geschnittene Buchsbaumhecke im Nutzgarten einem Pilz zum Opfer fiel. „Ich hab zwei Wochen lang geweint", gibt sie zu. Neuer Buchs wurde nicht mehr gepflanzt, „schließlich kommt der Zünsler langsam in der Region an". Benedikt Schmidbauer nahm die Rundungen jedoch mit kleinen Mauern auf. Diese wurden anschließend mit Steingartengewächsen bepflanzt. Neben Hochbeeten und Gewächshaus setzt sich beim Gemüsegarten aber nach wie vor der Taubenschlag in Szene. Er ist ein Fixpunkt, wenn das Paar abends beim Entenhaus sitzt und nicht nur den Blick in den Garten, sondern die Weite der Oberpfälzer Landschaft genießt.

GARTENWISSEN

Rosenmüdigkeit

Eine Gärtnerregel besagt: Rosen wachsen nur gut an Standorten, wo mindestens fünf Jahre vorher keine andere Rose war. Mit einem kompletten Bodenaustausch (mindestens 50 Zentimeter in die Tiefe) kann dieses Problem bei Neupflanzungen gelöst und Wachstumsstörungen (auch Wachstumsdepression genannt) vorgebeugt werden. Die Pflanzgrube wird dazu mit frischer, humusreicher Erde (Pflanz- oder Rosenerde) gefüllt. Achtung: Bei wurzelnackten Rosen nicht zu viel Kompost verwenden. Wer keinen Bodenaustausch vornimmt, muss damit rechnen, dass die neue Rose nur ein schwaches Wurzelsystem entwickelt und kaum Blüten ansetzt. Übrigens: Rosen lieben Licht, Luft und Sonne. Und sie mögen gut durchlüftete, tiefgründige und lockere Standorte. Mittelschwere Böden sind ideal, denn sie speichern genügend Nährstoffe und Wasser. Tipp: Bei schweren Böden Quarzsand einarbeiten. Zu leichte Böden können mit Gesteinsmehl/Bentonit verbessert werden.

DER GARTEN VON ERMELINDE STEINER

Standort: Lennesrieth/Waldthurn (Landkreis Neustadt/WN)

Grundstück: 1500 qm

Beschreibung: Ein mit viel Pflanzenkenntnis angelegter parkähnlicher Garten, in dem es einiges zu entdecken gibt. An der West- und Nordseite bildet ein Grüngürtel aus heimischen Blütensträuchern und Bäumen eine natürliche Abgrenzung zu Nachbarn und Straße. Auf Granitwegen gelangt man in die verschiedenen Bereiche.

MIT STAUDEN BUNTE BILDER MALEN

Wenn Ermelinde Steiner mit Stauden spielt, dann harmonieren weich schwingende Linien mit einem ausgeklügelten Farbkonzept. Dem Zufall wird hier nichts überlassen: Denn wer laut „Garten-Notizbuch" im Sommer schwächelt, muss im Herbst umziehen. Hinterm Haus sorgen die „weißen Beete" für Akzente. Vor der Terrasse lassen die pastelligen Blüten träumen.

Ein Garten ist stimmig, wenn er zu den Menschen und zum Haus passt. Diese Aussage trifft im „Lennesrietherher Steinergarten" zu. Nachdem der Hausbau 1991 fertig war, hat sich die Außenanlage Jahr für Jahr weiterentwickelt. Ermelinde und Richard Steiner infizierten sich mit dem Garten-Virus. Doch erst nach rund zwanzig Jahren waren sie mit dem Ergebnis zufrieden. „Jetzt passt die Harmonie von Staudenbeeten und Grünfläche", bemerkte das Ehepaar bei meinem ersten Besuch im Jahr 2016. Doch das war noch lange kein Grund, die Hände in den Schoß zu legen. „Ein Garten ist nie fertig", stellte Ermelinde Steiner fest und ergänzte: „Ich hab immer neue Ideen!"

Als Gatte Richard dann im Juni 2020 verstarb, half ihr der Garten über die schwere Zeit hinweg. Schließlich gab es jede Menge zu tun und im Herbst musste sich die Seniorin vom sturmgeschädigten Vogelbeerbaum verabschieden. „Macht eigentlich gar nichts, denn jetzt ist der Blick freier." Sie hat auch gleich die ganze Bepflanzung rundherum ausgegraben. Bei der Sitzbank will sie eine neue Pflasterfläche anlegen lassen. Positiv denken und den Blick in die Zukunft richten. Das fällt Menschen, die quasi mit dem Garten aufblühen, oft leichter. Meine Erfahrung zeigt, dass Leute, die gerne in die Erde greifen, geerdeter sind. Denn sie verlieren nicht so schnell ihre Bodenhaftung.

» ES IST EINE GROSSE KUNST, PFLANZEN, DIE ZUSAMMENPASSEN, IM BEET ZUSAMMENZUSTELLEN. HIER LERNT MAN NIE AUS. «

„Der Garten ist für mich, neben der Familie, mein Ein und Alles", sagt Ermelinde Steiner. Wir treffen uns zu einem Rundgang. Passend zum Familiennamen ist gleich bei der Einfahrt ein Steingarten angelegt. Gleich daneben schließt sich ein Heidegarten an, der in der Abendsonne im satten Rot leuchtet. Auf der anderen Seite ist viel Platz für den Gemüsegarten. Dieser birgt einige Raritäten, wie beispielsweise den Muskateller-Salbei 'Vatican White'. In der Kräuterspirale steht das Schild „Schnuppern empfohlen" und hinter den Erdbeer-Beeten wird im Gewächshaus das Frühjahr herangezogen.

MUSKATELLER-SALBEI / Salvia sclarea

Der Muskateller-Salbei ist eine buschig wachsende, mehrjährige Staude im Kräutergarten, die durch ihre hohen Blütenstängel auffällt. Die Duft- und Heilpflanze bevorzugt einen sonnigen und trockenen Standort und sät sich selber aus. Die Sorte 'Vatican White' besticht durch den Kontrast von Blüten (Rispen in weiß, rosa und lila) und Laub.

GARTENWISSEN

Begleiter für rosablühende Rosen

Gut zur rosa Rosenblüte harmonieren Stauden, die weiß (wie Phlox, Steppensalbei), lila (Katzenminze, Zierlauch) oder blau (Iris, Rittersporn) blühen. Auch Begleiter mit auffälligen Blättern (wie Funkien) oder duftende Kräuter (wie Salbei, Currykraut) passen gut.

Egal, wo man sich im Garten befindet, der Blick aufs Haus ist frei. Denn der Bungalow steht an der höchsten Stelle des Grundstücks und thront quasi über allem. Wir nehmen nicht die Stufen, sondern spazieren auf dem Rasen in Richtung Terrasse, beidseitig begleitet von Rosen und Stauden. Dazwischen präsentieren sich rund geschnittene Buchsbäume als „Topf mit Deckel". Mit jedem Schritt erschließt sich der wunderschöne Parkgarten in Hanglage ein Stück mehr und verwöhnt das Auge mit einem Farbenrausch. „Es ist eine große Kunst, Pflanzen, die zusammenpassen, im Beet zusammenzustellen. Hier lernt man nie aus", sagt Ermelinde Steiner. Sie „spielt" gerne mit Pflanzen und Steinen und bringt dabei ganz viel Gefühl mit ein. Und sie weiß: Ein Staudenbeet anzulegen, braucht Zeit und Geduld. Wollziest mit seinen wollig behaarten Blättern und den kleinen lila Blüten hat sie beispielsweise als pflegeleichte Beet-Einfassung entdeckt, denn dieser nimmt auch Trockenheit nicht krumm. Die Hobbygärtnerin führt eine Art „Garten-Notizbuch" und notiert Wetter, Blühzeiten und besonders schöne Momente, „aber auch, was umgestaltet werden sollte".

Bei der Terrasse öffnet sich der Blick auf den mediterranen Garten in pastelligen Farben. Es ist ein einziger Blütenrausch mit Rosen und unzähligen Stauden, die hier mehr sind als nur Begleiter, und die dicht verwoben ein buntes Gartenbild malen. Ein paar riesige Tongefäße sowie immergrüne Koniferen sorgen für südländisches Flair. Überraschung dann am Westgiebel: Hier wachsen ausschließlich weißblühende Pflanzen

Die frostharte Berg-Hauswurz (Sempervivum montanum) wird bis zu 20 Zentimeter hoch.

GARTENWISSEN

„Weiße Beete“
Eine Auswahl an Pflanzen mit weißer Blüte: Anemone, Azalee, Bodendecker-Rose 'Schneekönigin', Dahlie, Elfenblume, Flammenblume, Gänsekresse, Glockenblume, Hortensie, Indianernessel 'Snow Queen', Lupinen, Phlox, Prachtscharte, Rittersporn, Rosen (wie 'Schneewittchen', 'Aspirin', 'Weißer Engel'), Schleierkraut, Schleifenblume, Königskerze.

– von der Spornblume bis zu den Beetrosen. Nach der bunten Explosion genießt das Auge die Leichtigkeit und Eleganz des weiß-grünen Ensembles.
Auf Rindenmulch wird in den Rabatten weitgehend verzichtet. „Lieber hacken“, lautet das Motto im Garten, der von seiner pflanzlichen Vielfalt lebt. Es gibt auch wenig „Schnickschnack“, so dass nichts vom Wesentlichen ablenkt. Die Mauern und Pflasterflächen erinnern an Richard Steiner, der diese selber erstellt hat. „Der Garten war für uns nicht nur Arbeit, sondern ein Lebenselixier“, betont Ermelinde Steiner. „Wir haben alles miteinander gemacht und mit voller Leidenschaft“, blickt sie zurück und ergänzt etwas leiser: „Die Zusammenarbeit mit ihm war wunderschön.“

Acht Jahre lang leitete Ermelinde Steiner den örtlichen Obst- und Gartenbauverein. Neue Gartenideen schöpfte sie die zurückliegenden Jahrzehnte aus ihrer Mitgliedschaft bei der Gesellschaft der Staudenfreunde (Regionalgruppe Oberpfalz), bei TV-Gartensendungen und auf Ausflügen mit ihren „Garten-Freundinnen“. Einen Sommer ohne Blütenpracht, ohne Düfte und Farben, kann und will sie sich nicht vorstellen.

Steine und Stauden harmonieren.

DER VIER-GENERATIONEN-GARTEN

Es ist ein Enkelgarten. Wenn Lucas, Milo, Toni und die kleine Emilia über den Rasen toben, dann ist es mit der Ruhe auf Omas Terrasse vorbei. Doch diese genießt es, die beiden Töchter mit ihren Familien um sich zu haben. Wenn dann noch Uroma Babette vorbeischaut, sind alle glücklich.

DER GARTEN DER FAMILIEN GÜRTLER/GLASKE

Standort: Betzenberg/Birgland (Landkreis Amberg-Sulzbach)

Grundstück: 1200 qm

Beschreibung: Zwei Wohnhäuser und dazwischen ein Garten: Wo früher der Obstgarten war, steht jetzt der Neubau von Tochter und Schwiegersohn. Vor der Blumenterrasse ist Platz fürs Spielhaus, daneben schließen sich Beerensträucher, Gewächshaus und ein kleiner Nutzgarten an. Hinten beim Neubau gibt es eine Schaukelanlage, Trampolin und einen aufblasbaren Pool.

Während in Brigitte Gürtlers Vorgarten zarte Rosenblüten und Buchskugeln willkommen heißen, fällt vorm Nachbarhaus von Tochter Ramona Glaske der bunte Fahrzeugpark der Jungs ins Auge. Traktoren und Rutschautos parken vor der riesigen Boulderwand am Carport. Im Grundstück dahinter ist der Übergang fließend. Kein Zaun trennt die beiden Anwesen: Alles ist offen für alle.

Austoben, Entspannen, Erholen: Der Garten im Birgland wird den Anforderungen aller Generationen und Familienmitglieder gerecht. Denn eines ist klar: Wenn Kinder zu den Bewohnern gehören, wird das Wohnzimmer im Freien besonders intensiv genutzt. Denn sie brauchen Platz zum Spielen und Toben. Ramona Glaske hat ihre Jungs von der großen Terrasse aus gut im Blick. Da ist es egal, ob sie schaukeln, am Trampolin springen oder im aufblasbaren Pool herumtollen. Nur wenn sie im Sandspielhaus Burgen bauen, hat Oma Brigitte die bessere Sicht auf den Nachwuchs.

Herbsthimbeeren

Es gibt Sommer- und Herbsthimbeeren. Die Sommersorten bilden meist größere Früchte aus. Sie leiden aber häufig an Rutenkrankheiten und werden gerne von den Maden des Himbeerkäfers befallen. Die Vorteile der Herbstsorten: Sie fruchten für den Käfer zu spät und die Ruten bilden sich jedes Jahr neu, da die Triebe im Spätherbst bodennah abgeschnitten werden. Außerdem benötigen die Herbsthimbeeren kein Rankgerüst. Ein sonniger Standort vergrößert die Ernte. Beliebte herbsttragende Sorten (ab Mitte August bis November) mit einjähriger Kultur sind 'Autumn Bliss', 'Polka', 'Aroma Queen' und 'Himbo-Top'.

Üppig blühende Hängepetunien auf der Fensterbank.

Terrassenbeet am Neubau mit Quellsteinen und Tulpen.

GARTENWISSEN

Kleine Obstbäume

Säulenobstbäume haben die Fruchtspieße direkt am Stamm und benötigen in der Regel wenig Schnitt (vor allem Birne/Apfel). Aufrecht wachsende Seitentriebe müssen komplett entfernt oder auf zwei bis drei Augen zurückgenommen werden.

Spalierobstbäume eignen sich für Hauswände oder als Zaun. Den Haupttrieb mittig am Spaliergerüst fixieren sowie die unteren Triebe an den ersten Querstreben. Im Frühjahr kürzt man den Neuaustrieb an den Leitästen ein, sowie im Sommer die Fruchttriebe.

Spindelbäume bestehen aus einem Mitteltrieb und den von dort abzweigenden Fruchttrieben. Beim Schnitt achtet man darauf, die schlanke Kegelform zu erhalten.

„Dort war früher der Obstgarten", sagt Brigitte Gürtler und zeigt auf den Neubau. Rund 550 Quadratmeter hat sie dafür im Jahr 2011 von ihrem Grundstück abgegeben. Auf Obst aus dem Garten muss sie nicht verzichten, denn sie hat Säulenobstbäume gepflanzt, die mit wenig Platz auskommen. Ihr Vorgarten blieb von der Umstrukturierung verschont, so dass hier ihre Sträucher und Stauden wie all die Jahrzehnte davor in Ruhe gedeihen können. Stolz ist die Oma auf ihre dekorativen Rosenbögen und die Beerensträucher, die unten am Hang über Monate hinweg eine Naschecke bilden. Die Herbsthimbeeren, die entgegen der Sommersorten keine Maden aufweisen, zupft sie noch Ende Oktober ab. Gewächshaus und Gemüsegarten bilden in etwa die Mitte der beiden Grundstücke. Hier ist Uroma Babette Kölbl „die Chefin". 2020 feierte sie ihren 87. Geburtstag und spaziert

Der Sonnenhut setzt Akzente.

noch immer gerne mit dem Stock vom Dorf in die Siedlung hinauf. Dort hilft sie beim Pflanzen, Gießen und Unkrautjäten. Fürs Gießen wird das Regenwasser aus den Dachrinnen der zwei Häuser in einer Zisterne, dem früheren Klärteich, aufgefangen. Der Rat der Uroma ist

Klettertraining: Für die Jungs ist die Boulderwand das Größte.

Der aufblasbare Pool sorgt für Erfrischung und Spaß.

Blumenkasten farblich passend zum Haus, u.a. mit Begonie (rechts) und Süßkartoffel.

Pampasgras in der Herbstsonne.

auch beim Zurückschneiden der Stauden gefragt: „Wir sind alle noch Lehrlinge", sagt Enkelin Ramona. Aber auch sie ist mit Eifer dabei und mag es, wenn es rund um ihr schmuckes Eigenheim grünt und blüht. Es gibt Blumenkästen an den Fenstern und eine im modernen Design angelegte Kräuterspirale. Die riesige Terrasse ist mit einem ansprechenden Staudenbeet eingefasst. Im Frühling blühen Tulpen, im Sommer Lilien und der standfeste Purpur-Sonnenhut und im Herbst recken Sonnenblumen ihre Köpfe empor. Dann verfängt sich die niedrig stehende

» WIR NUTZEN EIGENTLICH ALLES MITEINANDER. «

Sonne auch im dekorativen Pampasgras. Jetzt wird es Zeit, das Trampolin und den Pool einzuwintern und den Schaukel-Sonnenschutz (ein Bundeswehr-Tarnnetz) einzurollen. Flecken im Rasen halten die Erinnerung an schöne Sommertage noch länger wach.

Zur Straße hin füllen Pavillon und Carport die Lücke zwischen den beiden Anwesen. Neu ist eine riesige Boulderwand, die zu Milos Geburtstag an eine Carport-Seite geschraubt wurde. Klettern dürfen hier natürlich auch Bruder und Cousin. „Wir nutzen eigentlich alles miteinander", betont Ramona Glaske. Ihre Schwester Julia, die im Haus der Mutter wohnt, nickt. Alle sind glücklich, dass der Familiengarten zum Treffpunkt der vier Generationen wurde. Denn hier muss keiner alleine sein. Wer Gesellschaft sucht, ist im Pavillon zum Kaffeetrinken oder Ratschen immer willkommen.

Der Blick über den Spielrasen geht zum Neubau mit Pflanzbeet an der Terrasse.

KLEINER STADTGARTEN GANZ GROSS

Vor 50 Jahren bekam Herma Laumer beim Gardasee-Urlaub einen Blumenstrauß mit einem Oleanderzweig geschenkt. Dieser wurzelte in der Vase und steht jetzt als zweieinhalb Meter hoher Busch auf der Terrasse. Im Jahr 2000 veränderte der kleine Stadtgarten sein Gesicht: Schaukel und Schwimmbassin flogen raus und machten Platz für neue Lieblingsplätze.

DER GARTEN VON HERMA UND HERMANN LAUMER

Standort: Mitterteich (Landkreis Tirschenreuth)

Grundstück: 300 qm

Beschreibung: Der von der Straße nicht einsehbare Stadtgarten integriert auf engstem Raum einen Gartenteich mit 15 Meter langem Bachlauf im natürlichen Gelände. Hingucker sind eine beleuchtete Fischsäule und eine große Vogelvoliere. Die großzügige Terrasse mit Überdachung bietet Platz für viele Kübel- und Kletterpflanzen. Ein Holzsteg führt zur kleinen Rasenfläche mit Sitzbank.

Das große Stadthaus mit kleinem Garten liegt im Zentrum von Mitterteich. Schon der Vorgarten ist sehenswert, doch wer hinter das Haus spitzt, bekommt große Augen. „Bei uns ist jeder Quadratmeter belegt", schicken Herma und Hermann Laumer voraus. Schnell ist klar: In diesem Garten stecken mehr als fünfzig Jahre Arbeit und viel Liebe drin. Dass nur wenige Meter entfernt der Verkehr rollt, bekommt man in dieser Oase nicht mit.
Auf der überdachten Terrasse bestimmen Fuchsien und Geranien, die in Töpfen hängen oder stehen, das Bild: pink, orange, scharlachrot oder weiß, in leuchtenden oder pastelligen Tönen, mit großen Blüten oder winzig zart. Viele davon, wie auch die romantische Röschen-Geranie, blühen noch Ende Oktober. Eine Reihe Kübelpflanzen dient als Raumteiler und markiert den sanften Übergang zum eigentlichen Garten. „Kübelpflanzen regelmäßig düngen und mit Liebe gießen", erklärt Herma Laumer beim Vorbeigehen. Sie redet mit den Pflanzen und schimpft auch mal, wenn eine sich gehen lässt. „Das hilft fast immer", meint sie lachend.
Im Spätherbst dürfen alle Topfpflanzen vom relativ geschützten Stadtgarten ins Winterquartier: Je nach den Temperaturwünschen in die Wohnung, ins Treppenhaus oder in die Garage (mit Frostwächter). Die Erfahrung: Wenig Rückschnitt und wenig Gießen. Im Frühjahr werden die Pflanzen dann wieder in Form gebracht und mit Flüssigdünger zum Wachsen angespornt.
Den neubepflanzten Balkonkästen fügt sie etwas Langzeitdünger bei. Der Dank: Eine herrliche Blütenpracht. „Blumen sind Nahrung und Medizin für die Seele" , sagt Herma Laumer. „Meine Tibet-Orchideen sind leider eingegangen, denen war es zu kalt", bedauert die Hobbygärtnerin. Auch wenn diese als winterhart gehandelt werden, kommen nicht alle Sorten mit dem rauen Klima der nördlichen Oberpfalz zurecht.
Auch Hermann Laumer, Maurermeister und ehemaliger Bauhof-Chef, liebt Pflanzen. Und er hat das nötige Know-how, die Ideen, die das Paar in den zurückliegenden Jahren auf Gartenschauen und Messen entdeckte, in die Tat umzusetzen. „Ihr müsst ja verrückt sein, das ist ja mit Arbeit verbunden", warnten Freunde und Bekannte, als die Laumers ihren kleinen Stadtgarten nach und nach in ein grünes Wohnzimmer verwandelten. „Im Garten zu werkeln war für mich nie eine Arbeit. Ich hab einfach Freude dran, was zu tun", betont der rüstige Senior. Seine Gattin

» KÜBELPFLANZEN REGELMÄSSIG DÜNGEN UND MIT LIEBE GIESSEN. «

GARTENWISSEN

Gesunde Kübelpflanzen

Erde: Entweder eine strukturstabile Einheitserde kaufen oder selber mischen: Zu gleichen Teilen mit Kompost, lehmiger Erde und grobem Sand. **Düngung:** Beim Umtopfen Langzeitdünger verwenden und frühestens nach acht Wochen mit einer weiteren Düngung beginnen. Faustregel: Lieber öfter und wenig als viel und selten düngen. Von September bis März mit dem Düngen aussetzen. **Gießen:** Morgens und/oder abends mit Regenwasser. Leitungswasser ist häufig zu kalt und kalkhaltig.

zeigt auf einige japanische Steinlaternen, die er als Unikate selber gegossen hat. „Marke Eigenbau" und eine Attraktion zu jeder Tageszeit ist der beleuchtete Fischturm inmitten des kleinen Teichs. Sogar vom Esszimmer aus ist damit der Blick auf die Goldfische gewährleistet. Die auf einem Betonsockel stehende Säule aus Acrylglas hat einen Durchmesser von 40 Zentimetern. Durch den in der Säule herrschenden Unterdruck bleibt das Wasser über der Teichoberfläche. Die Fische können ganz leicht in den Aussichtsturm hinein- und auch wieder herausschwimmen. Da das Wasser dort oben wärmer ist, tummeln sich die Goldfische hier zur Freude des Ehepaars gerne. Interessierte Gäste informiert der Tüftler gerne über die Schritte von der Idee bis zur Umsetzung. Neben der Säule sorgen Seerosen und Iris für Farbtupfer.

Der Teich entstand beim Gartenumbau im Jahr 2000. Die Kinder waren groß und so wurden nicht nur die Spielgeräte, sondern auch das gemauerte Schwimmbassin mühsam entfernt. Viele Arbeitsstunden steckte Hermann Laumer in den Teichbau und in einen 15 Meter langen Wasserlauf im natürlichen Gelände. Da kein Bagger in den kleinen Stadtgarten passt, musste er das gesamte Erdreich mit der Schubkarre vom Grundstück bringen. „Ich wollte nur eine kleine Wasserstelle. Aber wenn mein Mann zum Graben anfängt, ist er nicht zu stoppen", fügt Herma Laumer lachend an. Sie präsentiert Bilder, die zeigen, wie das terrassierte Loch im Garten mit einem alten Teppich (anstelle eines Vlieses) ausgelegt und darauf eine Teichfolie aufgebracht wurde. Passend zum Element Wasser pflanzte das Ehepaar noch Bambus, allerdings ohne eine Rhizomsperre gegen die Ausbreitung vorzunehmen. Die Freude am Sichtschutz währte nicht

Der beleuchtete Fischturm ist ein Blickfang am Teich.

Röschen-Geranie *(Rosenknospige Pelargonie)*

Die Blütenblätter sind wie Röschen zu einer Dolde angeordnet und erinnern an kleine Bälle. Wie alle Geranien (Pelargonien) blüht auch die Röschen-Geranie ausdauernd von Mai bis zum ersten Frost. Die romantisch gefüllten Blüten sollten nicht zu viel Regen abbekommen, da sie sich leicht mit Wasser vollsaugen und abbrechen können.

Geranien sind nach wie vor die beliebtesten Balkonpflanzen. Außer etwas Sonne und Dünger brauchen sie nur wenig Pflege (Verblühtes entfernen). Vor der Überwinterung müssen die Triebe um mindestens ein Drittel gekürzt werden; beim Austrieb im März erfolgt dann ein weiterer Rückschnitt. Die Überwinterung startet vor dem ersten Frost (Treppenhaus, Kellerfenster). Oft beginnt der Austrieb recht früh, was Läuse oder andere Sauger anlockt. Wenn möglich, die Geranien dann an einen kühleren Platz umstellen oder das weiche Grün kürzen. Wenn die Frostgefahr vorbei ist, dürfen die Pflanzen ins Freie, sollten aber nicht sofort die volle Sonne abbekommen.

lange: Die kräftig wachsenden Wurzeln stießen durch die Folie. „Darunter hatte sich ein dichtes Netzwerk an Wurzeln gebildet", erinnert sich Hermann Laumer. Also alles noch mal von vorn: Steine raus, Wurzeln raus, Bambus weg und eine neue Spezialfolie rein. Mittlerweile ist der Teich wunderbar eingewachsen, unter anderem mit Prachtspieren (Astilben), und ein Idyll für viele Insekten. „Der Filter läuft regelmäßig, damit das Wasser klar bleibt", sagt der stolze Besitzer. Er will die Fische ja auch sehen.

Ein kleiner Holzsteg führt vom Haus über den Teich zum Rasen mit der blauen Sitzbank. Ein schöner Platz für kleine Pausen. Gleich dahinter markiert die 55 Jahre alte Tanne dann auch schon die Grenze. „Den Baum haben wir in unserem ersten Ehejahr gepflanzt", berichtet Herma Laumer. Sie könnte noch zu vielen langjährigen Begleitern eine Geschichte erzählen. Auf dem Weg am Bachlauf entlang, geht es an der großen Voliere vorbei. Darin zwitschert es um die Wette, denn die Zucht von Kanarien- und Waldvögeln begleitet den Hausherrn schon seit Kindertagen. An der Pergola klettert die Waldrebe (Clematis) mit ihren lila Blüten in die Höhe. Gegenüber hält sich die sehr wüchsige Ramblerrose 'Bobby James' an einem alt eingewachsenen Obstbaum fest. Auf dem kleinen Grundstück ist Platz für ein Gartenhaus, ein Kräuterbeet und eine Wildrosenhecke. Sogar Hortensien und Formgehölze fehlen nicht. Einjährige Sommerblumen sät die Hobbygärtnerin in mit Anzuchterde gefüllte Styropor-Kästen aus. Nach dem Pikieren (Verpflanzen der Sämlinge in kleine Kunststofftöpfchen) gibt sie ihre Pflanzenkinder auch gerne an Freunde und Bekannte ab. Wir verlassen den hinteren Garten. An der Garagenwand fühlt sich ein mehrjähriger Hopfen wohl, der als dekorativer „Klettermax" das Grünthema weiterführt. Vorne bei der

» BLUMEN SIND NAHRUNG UND MEDIZIN FÜR DIE SEELE. «

Haustüre fangen die pinken Geranien den Blick, und im Blumenkasten gegenüber bildet die Süßkartoffel mit ihrem hellgrünen Blatt zur dunkelroten Geranie einen schönen Kontrast. Auch der Vorgarten ist gut bepflanzt. „Wenn hier alles blüht, ist es richtig voll", sagt Herma Laumer. An der Hausfassade klettert die einjährige 'Schwarzäugige Susanne' gleich dreifarbig in die Höhe, dahinter teilen sich Stauden, Rosen, Buchs und weitere Formgehölze den Platz. An der Einfahrt thront die rund 40 Jahre alte Korkenzieherhasel. Damit diese nicht zu üppig wird, nimmt Hermann Laumer im Herbst alle

Das Herzstück des Stadtgartens aus der Vogelperspektive.

Neutriebe des Jahres weg. „Die schaut dann immer aus wie frisch rasiert", sagt seine Gattin zwinkernd. In die „dicken Knuppeln" hängt sie die Weihnachtsbeleuchtung. Diese erfreut dann auch die Passanten, denen der Einblick in den oberen Stadtgarten verborgen bleibt.

FEIERABEND AUF DEM DACH

Unten in der Halle stehen glänzende Autokarossen, oben auf dem Dach blühen Akelei und Fette Henne. Wer den Garten betritt, schaut sich verwundert um: Denn hier gibt es einen Rasen und sogar eine Feuerstelle. Der Strohdach-Pavillon erinnert an Urlaubstage und der Ausblick über die Dächer von Utzenhofen lässt Weite atmen.

DER GARTEN VON CHRISTA UND MANFRED DONHAUSER

Standort: Utzenhofen/Kastl (Landkreis Amberg-Sulzbach)

Grundstück: 150 qm

Beschreibung: Außergewöhnlicher Dachgarten über einer Autowerkstatt. Der hintere Bereich wird von Naturfelsen begrenzt, die Teil der Gestaltung sind.

Wer sich einen Dachgarten vorstellt, denkt meist an eine Dachbegrünung mit Substrat und Sukkulenten, aber an keinen richtigen Garten wie auf ebener Erde. Was man unten auf der Straße nicht ahnt: Christa und Manfred Donhauser haben sich auf dem Dach ihres Autohauses ein kleines Naturidyll geschaffen. Die Treppe führt zwischen Wohnhaus und Werkstatt hinauf, und schon steht man da und staunt. „Ich wundere mich jedes Jahr selber", sagt Manfred Donhauser. Er meint damit die ausdauernden Pflanzen, die von Frühling bis Herbst hier oben scheinbar nichts vermissen. Der Garten wurde 1988, quasi in den Berg hinein, angelegt. Eine Felswand als Begrenzung zum weiterlaufenden Wiesenhang ist dekorativer Teil der Gestaltung. An der gegenüberliegenden Seite geht es beim Holzzaun steil nach unten. Denn hier ist nicht nur der Garten zu Ende, sondern auch das Dach.

Kaum zu glauben: Rasen und Staudenrabatten auf dem Werkstattdach.

Zum Aufbau des Dachgartens: Die Betondecke des Autohauses wurde zunächst mit einem Teeranstrich versehen. Es folgten drei verschiedene Bahnen zur wurzelfesten Abdichtung sowie eine Styropor-Dämmung. Abschließend wurde dann nochmals eine Bitumenschicht aufgebracht und schließlich das Erdreich (circa 30 Zentimeter hoch) verteilt und der Rasen angesät. Am Zaun entlang, zur etlichen Meter tiefer liegenden Straße, haben Christa und Manfred Donhauser eine Rabatte mit Sträuchern und Stauden angepflanzt.

» DIE DÜRREZEIT MÜSSEN ICH UND MEIN GARTEN AUSHALTEN. «

Diese sorgen von Frühjahr bis Herbst für eine dekorative Blütenkette. Herbstastern, Blasenstauch, Spinnenblume, Lilien, Fette Henne, Storchenschnabel, Frauenmantel und Rosen vermissen hier oben nichts. Und sogar ein Bambus wächst oben am Dach. „Der kommt nicht durch die Decke", ist sich Manfred Donhauser nach all den Jahren sicher. Fürs Gießen ist die Hausherrin zuständig: „Ich zögere das, so lange wie es geht, hinaus. Denn ich will ja die Pflanzen nicht verwöhnen." Christa Donhauser bleibt auch in niederschlagsarmen Sommern konsequent: „Die Pflanzen werden punktuell so lange gegossen, wie Regenwasser zur Verfügung steht. Trinkwasser wird dafür nicht verschwendet." Und sie ergänzt lachend: „Die Dürrezeit müssen ich und mein Garten aushalten." Sie nimmt auch in Kauf, dass die Anpflanzung dann nicht mehr so schön ausschaut. „Gedüngt wird nur mit Hornspänen, manchmal auch mit Pferdemist und Kompost", berichtet Christa Donhauser und ergänzt: „gespritzt wird gar nicht".

Der felsige Berghang bietet die rückseitige Begrenzung des Dachgartens.

Auf der Rasenfläche lässt sie im Frühling erst mal die Wiesenblumen in Ruhe wachsen. Gemäht wird später. „Der Rasen darf so bleiben wie er ist, eben natürlich!", ergänzt Gatte Manfred mit Blick auf die voranschreitende Blumenwiese. Zwischen den Steinen in der Felswand wachsen trockenheitsliebende Pflanzen, wie das Blaukissen. Einige Kübelpflanzen runden das Bild des Gartens ab. Das Ehepaar genießt die Zeit am Dach. Hier fängt sich kein neugieriger Blick, hier ist das Unternehmerehepaar völlig privat. Besonders der schattige Platz unter dem dekorativen Strohdach-Pavillon bietet sich für einen Kurzurlaub zu Hause an. Fürs Ambiente sorgt die Feuerschale auf der mit Steinen umrandeten Feuerstelle und für die Kulinarik der gemauerte Grillkamin. Auch für Sandkasten und Spielgeräte der Enkel ist auf den 150 Quadratmetern noch Platz. Wenn das Wetter nicht mitspielt, wird der Feierabend in das wohnlich eingerichtete Gartenhaus, welches sich an den Felsen schmiegt, verlegt. Drinnen in der Hütte bleibt der Berg an zwei Seiten als unverputzte Wand präsent. Diese Oase auf dem Dach wartet eben mit mehreren Überraschungen auf!

DER GARTEN DER FAMILIE THOMICZNY

Standort: Kleingartenanlage Pestalozzi/Galgenberg (Stadt Regensburg)

Grundstück: 203 qm

Beschreibung: Die Kleingartenanlage liegt mitten in der Stadt und umfasst 2,2 Hektar Fläche mit 96 Gartenparzellen. Die Vorschrift besagt, dass jeweils ein Drittel Gartenerzeugnisse, Zierpflanzen/Gräser sowie bauliche Anlagen vorhanden sein müssen. Der Garten von Diana Thomiczny fällt mit vielen Blumen und romantischer Dekoration auf.

GLÜCKLICH IM SCHREBERGARTEN

Diana Thomiczny, Vorsitzende der Regensburger Kleingartenanlage Pestalozzi, ist selber stolze Pächterin von 203 Quadratmetern, die sie im Stil englischer Cottage-Gärten bewirtschaftet. Die hellblaue Laube ist ihre „She-Shed“. Freunde sind immer willkommen: Zweimal in der Woche gibt es Obstkuchen und zum Glas Wein eine bunte Gemüse-Focaccia.

Diana Thomiczny ist glücklich in ihrem Schrebergarten.

Schrebergärten erleben eine Renaissance. Vor allem Familien mit Stadtwohnung zieht es auf ein eigenes Fleckchen Natur. In Regensburg gibt es mehrere Anlagen, einige davon quasi mitten in der Stadt. Ein Idyll im Grünen wartet umschlossen von Sternbergstraße, Landshuter Straße, Gumppenbergstraße und den Bahngleisen darauf, entdeckt zu werden. „Mein Paradies in der Kleingartenanlage Pestalozzi habe ich seit 2016 gepachtet", berichtet Diana Thomiczny. Mittlerweile ist sie die Vorsitzende des dortigen Kleingartenvereins und gewährt auf den folgenden Seiten gerne einen Einblick in ihre 203 Quadratmeter große Parzelle. Das Herzstück ist ein alter, riesiger Kirschbaum. „In diesen hat sich meine ganze Familie gleich verliebt, als wir den Garten, damals in einem sehr verwilderten Zustand, übernommen haben."

Anfangs war das Grundstück noch weit entfernt von der Idealvorstellung, die Diana Thomiczny mit einem Kleingarten verband. Denn die Regensburgerin dachte an eine Art englischen „Cottage-Garden", leger gestaltet und mit einem romantischen Anstrich. Sie machte sich an die Arbeit und stellt nun nach fünf Jahren fest: „Dieser gewollten Unordnung und einer überbordenden Blütenfülle von Fingerhut, Stockrosen, Akelei, Ringelblumen oder Kletterrosen komme ich jedes Jahr ein Stück näher." Zaun und Gartenhaus sind pastellblau gestrichen und am Weg steht eine rosa Gießkanne. Die Deko spielt schließlich eine große Rolle, ist aber überwiegend naturnah gefertigt, „wie beispielsweise aus Treibholz vom Bodensee gebastelt oder aus Weidenruten geflochten". Hingucker ist ein Sommerkranz aus den Blüten des Frauenmantel der an einem alten Holzfenster steckt.

» DIESER GEWOLLTEN UNORDNUNG UND EINER ÜBERBORDENDEN BLÜTENFÜLLE VON FINGERHUT, STOCKROSEN, AKELEI, RINGELBLUMEN ODER KLETTERROSEN KOMME ICH JEDES JAHR EIN STÜCK NÄHER. «

Ein Lieblingsplatz: Vorm blauen Gartenhaus steht eine weiße Holzbank vom Flohmarkt.

Grün auf Gelb: Die Heuschrecke nascht Pollen aus der Blüte.

Lila und Weiß: Blütenfest im kleinen Schrebergarten.

Zierlauch: Die insektenfreundlichen Blütenkugeln trumpfen auf.

Laut Kleingarten-Regelung muss ein Drittel der gepachteten Fläche für Gartenerzeugnisse reserviert bleiben. Diana Thomiczny erfüllt dies gerne und baut Tomaten, Salat, Brokkoli, Mangold, Stangenbohnen, Zucchini, Frühlingszwiebeln und anderes Gemüse an. Dazu kommen noch einige Kräuter. Ihre Lieblinge sind alte Tomatensorten und eine samenfeste, französische Pflücksalatsorte, die Teufelsohren. „Von denen gewinne ich mittlerweile selber jedes Jahr die Samen." Den ganzen Sommer über werden Erdbeeren, Himbeeren, Brombeeren, Blaubeeren, Stachelbeeren und Johannisbeeren geerntet. „Am liebsten ist mir die Menge an Beeren, die während der Saison täglich eine Handvoll Vitamine liefert und nicht verarbeitet werden muss", erklärt die Hobbygärtnerin. Es gibt aber eine Ausnahme: „Ich backe leidenschaftlich gerne und so gibt es zweimal pro Woche frischen Obstkuchen." Die Familie liebt aber auch die mit Beeren und Blüten dekorierten kleinen Quark-Törtchen. Auf Flohmärkten findet Diana Thomiczny Geschirr und Gläser mit besonderem Charme. Das kommt zum Einsatz, wenn sie spontan Freunde auf eine Tasse Kaffee und Kuchen in ihr „Pop-up-Café" einlädt. „Das kommt oft vor", ergänzt die Regensburgerin lachend. An lauschigen Schrebergarten-Abenden serviert sie eine bunte Focaccia zum Wein. Das ist ein Fladenbrot aus Hefeteig mit frischen Tomaten und Kräutern (siehe Rezepte-Seite 116/117).

Die Kissen für die Gartenstühle hat Diana Thomiczny aus Vintage-Stoffen genäht, ebenso wie die Wimpel-Kette, die an der pastellblau gestrichenen Laube im Wind flattert. Das Gartenhaus bezeichnet sie als ihre

Teufelsohrensalat/Pflücksalat *(Cerbiata/Hussarde)*

Der Name der Salatsorte kommt von den länglichen, spitz zulaufenden, leicht gezackten Blättern, die eine angenehm milde Würze aufweisen. Aussaat: März bis August ins Freiland. Keimung: 6 bis 12 Tage. Ernte: Mai bis September. Wie bei jedem Pflücksalat werden zunächst nur die äußeren Blätter geerntet, das Herz bleibt stehen und sorgt viele Wochen lang für Nachschub.

Kleine Törtchen mit Blüten und Beeren garniert gibt's im Garten öfters.

„She-Shed" (deutsch: Frauenhütte). Vorm Eingang steht eine weiße Holzbank vom Flohmarkt. Von hier bietet sich der beste Blick auf die jeweiligen Lieblingsblumen. Im Frühling sind es die Wildtulpen 'Lady Jane', die sie vom Tulpenmuseum aus Amsterdam mitgebracht hat. „Die schauen aus wie Zuckerstangen. Sie sind wunderschön und sie vermehren sich sehr fleißig." Das gilt auch für das Meer blauer Zwerg-Iris. Im Sommer gehören die Hortensien zu den Favoriten und ab dem Spätsommer eine Funkie mit lilienähnlichen Blüten. „Wie viel Zeit ich in meinem Paradies verbringe?" Die Schrebergarten-Pächterin wiederholt die Frage, obwohl sie eigentlich nicht über die Antwort nachdenken muss: „Von März bis Oktober jeden Tag wenigstens eine halbe Stunde. Aber wenn es Arbeit und Wetter zulassen, dann werden es auch mehrere Stunden täglich."

Wildtulpe 'Lady Jane' *(Tulipa clusiana)*

Elegante, schlanke Wildtulpe mit einer Wuchshöhe bis 25 Zentimeter. Die Blütenblätter sind weiß, mit einem zart rosa-roten Äußeren und einem gelben Herz. Der lange dünne Stiel ragt in die Höhe, ohne umzufallen. Bei Sonnenschein öffnen sich die Blüten und ähneln dann fast einer Seerose. Wildtulpen vermehren sich über Samen und Brutzwiebeln von selbst.

PFLANZENKINDER MACHEN FREUDE

Der Apfelbaum, einst ein mickriges Discounter-Schnäppchen, hat sich prächtig entwickelt. Jetzt lässt die Krone keine Sonne mehr aufs Kräuterbeet. Liebevoll aufgepäppelt werden im Löwendorfer Garten viele weitere Pflanzenkinder. In Töpfchen warten sie darauf, mitgenommen zu werden. Für Anita Bergien steht fest: „Mein Garten ist Glück."

DER GARTEN VON ANITA UND BERND BERGIEN

Standort: Löwendorf/Pemfling (Landkreis Cham)

Grundstück: 850 qm

Beschreibung: Gemütlicher Familiengarten am Dorfrand. Blühsträucher und Stauden umgeben das Grundstück mit dem 1998 erbauten Eigenheim in der Mitte. Der Gemüsegarten ist mit einem Hanichelzaun abgegrenzt.

Anita Bergien hat immer etwas für die Pflanzentauschbörse parat.

» ROTE JOHANNISBEERE ZWEI MAL ABZUGEBEN. «

Wenn Anita Bergien im Garten werkelt, dann bringt sie es nicht übers Herz, zu dicht stehende und damit überschüssige Pflanzen in den Kompost zu geben. „Ich kann keine wegwerfen", stellt sie fest. Beim Teilen der Stauden fällt immer etwas an, bei Sträuchern bilden sich Ableger und auch Blumen, die sich selber aussäen, sind schnell mal zu viel. All das pflanzt die Hobbygärtnerin in Töpfchen und stellt sie hinters Haus neben die Regentonne. Hier vergisst sie nicht das Gießen, und die Pflanzenkinder können im Halbschatten schön langsam einwurzeln. Danach dürfen sie als kleine Geschenke für Freunde und Bekannte das Grundstück verlassen. Damit alle wissen, was zur Auswahl bereitsteht, stellt Anita Bergien ihre Schützlinge in ihren WhatsApp-Status und schreibt dazu beispielsweise: „Rote Johannisbeere zwei Mal abzugeben". Das klappt seit Jahren gut, „wer was möchte, meldet sich". Auch bei der Pflanzentauschbörse, die der Obst- und Gartenbauverein Grafenkirchen veranstaltet, findet sich schnell eine neue Heimat.

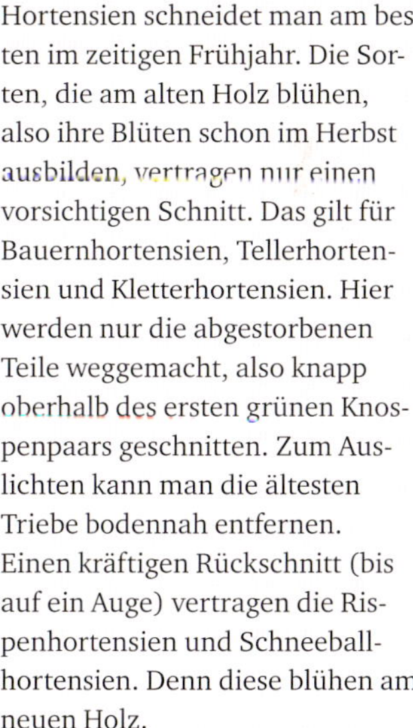

GARTENWISSEN

Hortensien schneiden

Hortensien schneidet man am besten im zeitigen Frühjahr. Die Sorten, die am alten Holz blühen, also ihre Blüten schon im Herbst ausbilden, vertragen nur einen vorsichtigen Schnitt. Das gilt für Bauernhortensien, Tellerhortensien und Kletterhortensien. Hier werden nur die abgestorbenen Teile weggemacht, also knapp oberhalb des ersten grünen Knospenpaars geschnitten. Zum Auslichten kann man die ältesten Triebe bodennah entfernen. Einen kräftigen Rückschnitt (bis auf ein Auge) vertragen die Rispenhortensien und Schneeballhortensien. Denn diese blühen am neuen Holz.

Eine Ausnahme bilden die neuen Sorten der Bauernhortensie (wie Endless-Summer, Everblooms): Sie blühen am alten und am neuen Holz. Das bedeutet, dass man erfrorene Triebe großzügig herausschneiden kann und die Pflanze noch im selben Jahr Blüten an den neuen Trieben ansetzt.

„Deluxe"-Kita für Menschen-, Tier- und Pflanzenkinder. Im zweistöckigen Spielhaus mit Veranda ist auch ein Hasenstall integriert.

Die Blätter der Kletterhortensie färben sich im Herbst leuchtend gelb.

Doch auch im Garten von Anita und Bernd Bergien finden sich Gewächse, „die mit so mancher Freundschaft und Person verbunden sind“. Bei der Gartenanlage vor rund 20 Jahren war die Familie froh über Ableger, die in anderen Grundstücken entbehrlich waren. Mittlerweile blüht und sprießt es auf dem ehemaligen Acker. Im Frühling macht die Japanische Nelkenkirsche vorne an der Straße auf sich aufmerksam, denn im Mai strotzt der luftig wachsende Baum nur so von gefüllten rosa Blüten. Darunter zaubern zur gleichen Zeit die Traubenhyazinthen einen blauen Blütenteppich.

Im Vorgarten blühen die Sträucher und am Hang vor der Terrasse ziehen die Polsterstauden zwischen den Steinstufen Insekten und Bienen an. Danach setzt sich der orange Mohn, dort wo er mag, in Szene. „Dieser stammt noch von der Oma“, sagt die gebürtige Löwendörferin und freut sich: „Ich hab noch weitere Wanderer.“ Sie mag Blumen, die sich selber aussäen, wie beispielsweise Löwenmaul, Ringelblume, Fuchsschwanz, Jungfer im Grünen und Eisenkraut. Diesen bleibt auch der Zutritt zum Gemüsegarten nicht verwehrt. Sie mischen sich unters Gemüse, welches auf den kleinen Beeten wunderbar wächst. Was es hier gibt? Jede Menge: Kopfsalat, Gurken, Zucchini, Kürbis, Radieschen, Rettich, Erbsen, Bohnen, Feldsalat, Zwiebel, Karotten, Kartoffeln, Tomaten, Stangensellerie und Rote Bete. Auch diverse Kräuter zählt die Hobbygärtnerin auf: Petersilie, Schnittlauch, Knoblauch, Majoran, Zitronen-Thymian, verschiedene Minzen, Fenchel und Zitronenverbene.

„Im eigenen Garten kann ich mich total erden und erholen. Er ist meine Ruhe-Oase“, sagt Anita Bergien. Sie bezeichnet es als entspannend, ihre Runden übers Grundstück zu drehen. Und schon kommt sie ins Schwärmen vor lauter Gartenglück: „Im Frühjahr zu sehen, wie die einzelnen Triebe erscheinen, die Pflanzen heranwachsen, blühen oder Früchte tragen. Zu sehen, wie einzigartig jede einzelne Pflanze ist, wie sie wächst und gedeiht. Von den Früchten naschen, mit der Hand über die Kräuter streifen und riechen, oder die Blüten genießen.“

Hauswurzen (Sempervivum) peppen sogar löchrige Arbeitsstiefel auf.

Zitronenverbene *(Aloysia citrodora)*

Die Zitronenverbene ist durch ihren zitronenartigen Duft der Blätter als Würzkraut in der Küche und für die Zubereitung von Tee (einfach ein paar frische Blätter mit heißem Wasser übergießen) beliebt. Sie mag einen sonnigen und geschützten Platz. **Tipp:** Nach dem Kauf in einen größeren Topf pflanzen, damit sie über den Winter ins Haus gebracht werden kann (10 bis 16 Grad). Dort verliert sie allerdings meist ihre Blätter. Bevor die Zitronenverbene im Frühjahr wieder ins Freie kommt, die Zweige kräftig zurückscheiden. Schon in wenigen Wochen ist das frische Grün zu sehen. Die Triebe verzweigen sich besser, wenn die Spitzen regelmäßig und auch vor der Blüte gekappt werden.

Im Mai ist die Japanische Nelkenkirsche der Star im Garten. Am Boden bilden Traubenhyazinthe & Co. einen schönen Kontrast zu den rosa Blütenbüscheln am Baum.

Dazu hat sie auch hinterm Haus Gelegenheit. Denn am Schuppen und der kleinen Ziermauer aus Klinkersteinen residiert eine cremefarbige Kletterhortensie. Die lila Clematis daneben ist für den Farbtupfer zuständig, ebenso die Herbstanemone, der es am sonnigen Standort gefällt. Ein Hingucker ist das Spielhaus mit Veranda und Hasenstall.

Vor der Terrasse blüht ein blauer Hortensienbusch, der später im Jahr ins Lilafarbene wechselt. „Ich schütte hier immer das Wasser aus, mit der ich die Milchtüte auswasche“, sagt die Hausherrin lachend und beantwortet damit die Frage, was sie für einen sauren Boden, beziehungsweise für den niedrigen PH-Wert unternimmt. Diesen benötigt die Pflanze, damit die Blüten blau bleiben. Man kann diesen Effekt aber auch mit Laubkompost, Nadelstreu oder Rhododendron-Erde unterstützen. Als Hausbaum haben die Bergiens einen Walnussbaum gepflanzt, der viele Früchte bringt. Anita Bergien mag nicht nur den Sommer, sondern auch die stille Zeit im Garten: „Genauso schön ist es, wenn im Spätherbst wieder alles zur Ruhe kommt und die verblühten Knospen durch den Raureif im Winter einzigartig erscheinen.“

Die Herbstanemone ist die Königin im Staudenbeet.

AUSFLUG IN DEN GARTEN

Wer durch das Straßendorf fährt, muss an diesem Garten vorbei. Die Besitzer wohnen 40 Kilometer entfernt, doch das Grundstück rund ums Elternhaus wird wie ein Schmuckkästchen gehütet. Da kein Zaun den Blick stört, kann sich jeder daran erfreuen. Neues wird gerne ausprobiert: So wachsen schon mal die Zucchini in Strohballen, und im Kiesbeet ist Urlaubsfeeling angesagt.

DER GARTEN VON MARIA UND HANS RUHLAND

Standort: Lind/Oberviechtach (Landkreis Schwandorf)

Grundstück: 1000 qm

Beschreibung: Das zur Straße hin offen gehaltene Anwesen ist eine ehemalige Hofstelle und zeigt heute einen vielseitigen Ziergarten. Im Nutzgarten gibt es mehrere Hochbeete der Marke „Eigenbau".

Egal zu welcher Jahreszeit man am Ruhland-Garten vorbeikommt: Es gibt immer etwas zu entdecken. Zu Ostern sitzt ein Hase mit bunten Eiern im Vorgarten, im Dezember ist es der Nikolaus auf seinem Holzschlitten samt Krippe mit Weihnachtsbaum. Den Frühling läuten Tulpen, Narzissen und andere Zwiebelpflanzen ein. Im Sommer haben die Stauden ihren großen Auftritt und ab September leuchtet es rund um das ehemalige landwirtschaftliche Anwesen, wenn Herbstastern und Fetthennen die tiefstehende Sonne einfangen. Auch wenn das Ehepaar Ruhland seit rund 25 Jahren in Weiden wohnt, wird von Frühjahr bis Herbst fast jeden Tag zum Garteln nach Lind gefahren. Die Mieter im Haus freuen sich über das gepflegte Grundstück: „Wir wohnen hier in einem Paradies!“

Hans Ruhland hat im Ruhestand viel Zeit, sich um sein Elternhaus zu kümmern. Wege, Mauern und Rundbögen zeigen, dass er sich im Umgang mit Steinen bestens auskennt. Hingucker in der großen Rasenfläche sind Findlinge, Amphoren und Gartenkeramik. Eine Staudenrabatte entlang der Straße ersetzt den Zaun.

„Ich pflanze alles möglichst dicht, um wenig Unkraut jäten zu müssen“, sagt Maria Ruhland. Ihr Steckenpferd ist es, neue Bereiche anzulegen und zu schauen, wie die Pflanzengemeinschaften funktionieren. „Ich bin immer am Verändern“, gibt sie zu. Stillsitzen ist eben nicht ihr Ding. Sehr dekorativ präsentiert sich eine Hortensiengruppe mit einem Rosenbäumchen. Ein altes Fenster wurde in aufgeschichtete Holzscheite integriert und im windgeschützten Platz davor eine blaue Sitzgruppe aufgestellt. Von hier wandert der Blick bei passendem Wetter bis weit in den Bayerischen Wald hinein.

» DIE SPINNENBLUME SETZT FILIGRANE AKZENTE. SIE SÄT SICH GROSSZÜGIG SELBER AUS UND BRAUCHT KEINE PFLEGE. «

Der kleine Blumenberg daneben verdeckt einen Baumstumpf . „Das Aufschütten von Erdreich zu einem Hügel ging problemloser, als die Wurzel mühsam entfernen zu müssen“, erklärt die Hobbygärtnerin. Und so thront die einjährige Spinnenblume

Diese Mauer mit Rundbögen hat der Hausherr selber gebaut.

Vom Zierlauch an der Straße wandert der Blick in den Garten.

GARTENWISSEN

HOCHBEET

Hochbeete sind rückenschonend und sorgen für „warme Füße beim Gemüse“. Die Wärme entsteht durch das aufgeschichtete Füllmaterial, welches von den Bodenlebewesen im Laufe der Zeit zersetzt wird. Beste Zeit für eine Neuanlage ist im Herbst oder im sehr zeitigen Frühjahr. Zunächst wird der Untergrund gelockert und dann der Kasten (ideale Breite 1,40 bis 1,50 Meter) aufgestellt. Damit Wühlmäuse keine Chance haben, wird der Boden mit einem engmaschigen Gitter (Hasendraht) ausgelegt. Wenn die Innenwände mit Folie verkleidet werden, hält das Holz länger.

Das Hochbeet befüllen:

1. Schicht: Grobmaterial wie Zweige, Äste, Baum- und Heckenschnitt. Zum Abschluss – als Schutz vor dem Durchrieseln – umgedrehte Rasensoden oder zerrissene Kartons bzw. Zeitungspapier auslegen.
2. Schicht: Blätter, Rasen- und Staudenschnitt sowie evtl. Stroh und Pferdemist.
3. Schicht: grober, unreifer Kompost.
4. Schicht: Gartenerde mit feinem Kompost mischen (Verhältnis 2:1).

Die Füllung sackt während des Jahres zusammen; deshalb im Frühjahr einfach mit Gartenerde nachfüllen. Nach etwa sieben Jahren ist eine komplette Neubefüllung sinnvoll.

Ein Hingucker auf der Säule: Hauswurzen in einer rostigen Metallschale.

mit ihren filigranen Blütenspitzen von Juni bis Oktober am Straßenrand. Sie ist einer ihrer Lieblinge: „Sie sät sich großzügig selber aus und braucht keine Pflege." Problemlos wächst auch die Herbstanemone, die mit einer langen Blütezeit von August bis in den Oktober hinein überzeugt.

Bei der Hofeinfahrt tummeln sich die Schmetterlinge auf den Blütenkissen der Herbstastern, die hier zahlreich in hohen Büschen und niedrigen Polstern wachsen. „Die Herbstastern blühen ausdauernd und sind mehrjährig", betont Maria Ruhland. Mit einem Erdhügel wurde ein Höhenniveau geschaffen, welches weitere Blühpflanzen gleichzeitig zur Geltung bringt. Um den zeitlichen Aufwand fürs Rasenmähen zu verringern, wurden einige Kiesbeete angelegt. Am „weißen Strand" am Hausgiebel laden große Palmen und kleine Palmlilien, grüne Liegestühle und ein oranger Sonnenschirm zum Ausruhen ein. Die dekorativen Palmlilien-Kinder dürfen nach der Abnabelung von der Mutterpflanze zunächst in Töpfen wurzeln.

» DIE HERBSTASTERN BLÜHEN AUSDAUERND UND SIND MEHRJÄHRIG. «

Hinter dem ehemaligen Stall ist Platz für den Nutzgarten. 2015 probierte das Ehepaar einen neuen Trend aus: Gärtnern auf Strohballen. Zucchini und Kohlrabi wuchsen mehr als üppig auf dieser Unterlage. Es gibt auch einige Hochbeete in der „Marke

Palmlilie *(Yucca)*

Die Palmlilie ist eine anspruchslose, immergrüne und winterharte Pflanze. Sie wird etwa 80 Zentimeter hoch und breit. Als Solitärstaude passt sie gut ins Kiesbeet oder in den Präriegarten. Die glockenförmigen, matt-weißen Blütenstände ziehen auch Bienen und Schmetterlinge an. Zu feuchte Böden können zur Wurzelfäule führen. Vermehrung im Frühjahr durch das Abnehmen der Tochterpflanzen. Diese werden in Töpfe gesetzt und im zweiten Jahr in einen lockeren Boden an einen sonnigen Standort im Garten gepflanzt. Die Palmlilie fühlt sich aber auch länger im Kübel wohl.

Kurzurlaub am Kiesstrand bei Palmen und Palmlilien.

GARTENWISSEN

Gärtnern auf Strohballen

Ein neuer Trend: Gärtnern fast ohne Erde. Pflanzen benötigen Licht, Wasser und Nährstoffe. Diese Funktion kann das gepresste Stroh gut erfüllen, wenn es an einem sonnigen Ort aufgestellt wird. In einen Ballen wird circa eine Tasse organischer oder mineralischer Dünger gestreut und gut bewässert. Die Präparierung „einen Tag gießen, einen Tag düngen“ wird mehrere Tage wiederholt, bis der Verrottungsprozess beginnt. Danach eine etwa fünf Zentimeter dicke Schicht Erde in die Pflanzlöcher einbringen. Die Familie Ruhland pflanzte Zucchini und Kohlrabi und freute sich darüber, dass die Bakterien genug Wärme erzeugten und das Gemüse üppig wuchs. An trockenen Tagen musste gegossen werden.

Eigenbau“. Ein Aufsatz dient zur Nutzung als Frühbeet oder fürs Kulturschutznetz. Für die Gurken sind Rankhilfen angeschraubt. Die Tomaten wachsen am windgeschützten Scheunengiebel. Wenn der Rasen gemäht, das Gemüse gegossen und die welken Blüten abgezupft sind, ist Feierabend. Doch diesen genießt das Ehepaar dann meist nicht mehr im Linder Garten, sondern im Auto auf der Fahrt nach Hause.

Gelungene Höhenabstufung: Nach Polsterstauden übernehmen Astern, Phlox und Sonnenhut.

BÄUERIN MIT GRÜNEM DAUMEN

Nach der Arbeit mit Kühen, Kälbchen und Ackerbau findet Bäuerin Rita Schmid Erholung im Garten. Einen Liegestuhl braucht sie dazu nicht, denn ihr reicht die Beschäftigung mit den Zier- und Nutzpflanzen, um abschalten zu können. Das Ergebnis sind blühende Ecken und eine gesunde Kost für die Familie.

DER GARTEN VON RITA UND ALFONS SCHMID

Standort: Spielberg/Waldthurn (Landkreis Neustadt/WN)

Beschreibung: Landwirtschaftliche Hofstelle mit Innenhof und altem Granitpflaster vor dem Wohnhaus. Alle offenen Flächen rings um Haus und Stallgebäude sind bepflanzt. Gegenüber der Hofstelle befindet sich eine Wiese (650 qm), die den eigentlichen Garten bildet. Hier ist ein Bauerngarten mit Gewächshaus, viel Grün und Accessoires angelegt.

Rita Schmid freut sich aufs nächste Gartenjahr.

Harmonische Bepflanzung am Stodl mit Rosen, Buchs und Funkien.

Rita Schmid hat gut zu tun. Neben der Arbeit, die der Bauernhof mit rund 60 Milchkühen mit sich bringt, bewirtschaftet sie einen großen Garten mit allerlei Zier- und Nutzpflanzen. „Zwischendurch ist Garteln angesagt", sagt die Bäuerin. Meistens findet sie dazu vorm Kochen oder am Abend nach der Stallarbeit die Muße. Im Hochsommer legt sie das Werkzeug oft erst aus der Hand, wenn die Nacht hereinbricht. „Da wird es schnell mal nach 22 Uhr. Aber es ist Erholung und Ausgleich für mich. Da kann ich richtig abschalten", bekräftigt Rita Schmid und ergänzt: „Es ist meins, das brauche ich einfach."

Seit 1980 bewirtschaftet sie mit Ehemann Alfons das landwirtschaftliche Anwesen am Ortsrand. Der Garten kam nach und nach dazu: Die Rabatten, die den gepflasterten Innenhof auflockern, die Beete am Stall und den Nebengebäuden, der üppige Blumenschmuck an den Fenstern und schließlich der Bauerngarten gegenüber der Hofstelle. Hier, auf einer ehemaligen Wiese, kann sich die Landwirtin so richtig austoben. Es ist eine fast unbegrenzte Spielfläche für das kunterbunte Nebeneinander von Pflanzen und Accessoires. „Hier haben sich Stiefmütterchen und Löwenmaul ausgesät", sagt Rita Schmid. Gleich daneben lenkt sie den Blick auf die Ringelblumen, die durch den Garten wandern und da bleiben dürfen, wo sie sich niederlassen. Tagetes und Zinnien kauft sie als kleine Pflänzchen zu.

GARTENWISSEN

Tomaten und Gurken im Gewächshaus

Ins Gewächshaus ziehen Ende April/Anfang Mai Tomaten und Paprika zwischen die Vorkulturen ein. Gurken folgen erst ab Mitte Mai, denn sie reagieren empfindlich und mit Pilzbefall, wenn es ihnen zu kalt wird (eventuell mit Vlies abdecken). Tomaten wollen es luftig, Gurken eher nicht. Trotzdem können sie gut gemeinsam gedeihen. Die Tomaten eher an die Südseite in Nähe von Tür und Lüftungsklappen setzen (nicht zu dicht: drei Pflanzen pro Quadratmeter). Zu hohe Luftfeuchtigkeit mögen beide nicht. Am besten, man lässt auch über Nacht die Lüftung etwas offen und macht das Haus nie ganz dicht.

Inmitten der Staudenrabatten gibt es dekorative Sitzplätze.

Lieblinge sind jedoch Rosen und Hortensien. Und auch Funkien: „Das sind klasse Pflanzen, denn die sind pflegeleicht und haben ein so schönes Blatt." Neueste Anlage im Schmid-Garten ist ein Funkien-Baumrondell. Die Hortensienbüsche dagegen stecken in großen Plastiktöpfen. Zum Überwintern werden sie im Spätherbst samt Topf im Garten eingegraben und im zeitigen Frühjahr ins Gewächshaus gestellt (Frostschutz mittels Kerzen). Nach den Eisheiligen, ab Mitte Mai, dürfen die Hortensien ins Freie und erfreuen dort monatelang mit ihren dekorativen Blüten. Natürlich gibt es auch viele Stauden, darunter die Herbstanemonen und Herbstastern. Blumen am Haus sind für Rita Schmid im bäuerlich geprägten Dorf selbstverständlich. Sie findet es schade, dass man dies immer weniger sieht. Sie hat an jedem Fenster einen Kasten mit Geranien oder Petunien stehen. Damit sich die Blüten gut entwickeln, gibt sie einen Langzeitdünger in das Gemisch aus gekaufter Blumenerde und eigenem Kompost. In der Regel wird alle zwei Tage gegossen; einmal wöchentlich gibt es als Zusatz einen Billig-Flüssigdünger. Alle offenen Flächen rings ums Haus und das Stallgebäude hat sie mit Stauden, Rosen, Hortensien und Buchs bepflanzt.

» ICH TROCKNE IM HERBST EINIGE KERNE UND SÄE MEINE KÜRBISSE IM FRÜHJAHR SELBER AUS. «

Den Bauerngarten auf der Wiese rahmen Beerensträucher ein, die den Wind abhalten und so für eine geschützte Lage sorgen. Heidelbeeren und Himbeeren stehen monatelang frisch oder gefroren für Kuchenbelag, Nachspeise oder das Müsli bereit. Johannisbeeren werden zu „falschem Preiselbeer-Kompott" eingekocht. Das Gemüse wächst im unteren Bereich des Gartens. Zucchini, Salat, Tomaten, Bohnen, Gurken und allerlei Kräuter beleben in den Sommermonaten den Speiseplan. Rote Bete hält sich im Felsenkeller bis zum Frühjahr. Das gilt auch für die Hokkaido-Kürbisse, die in der Garage gelagert noch im März gut für Suppe oder Gemüsepfanne sind. „Ich trockne im Herbst einige Kerne und säe meine Kürbisse im Frühjahr selber aus", informiert die Hobbygärtnerin.

Perfekte Landhausgarten-Idylle: Von den Hauswurz-Stiefelchen und der Kaffeetafel bis zum Tagpfauenauge am Sommerflieder.

Später setzt sie diese auf den Humushaufen oder Kompostplatz, wo sie schnell groß werden und für Beschattung sorgen. In einer Ecke wächst der Meerrettich, der „schon immer da war". Bei Bedarf wird eine scharfe Wurzel ausgestochen und fein gerieben zu „Semmel-Kren“ verarbeitet. Meerrettich (Heilpflanze des Jahres 2021) benötigt keine Pflege; Rita Schmid zupft im Frühjahr lediglich das welke Blattwerk ab. Natürlich fehlt auch der vielseitige Holunder im Oberpfälzer Bauerngarten nicht. Aus den Blüten bereitet die Hausfrau Gelee und Marmelade, Holunderwasser und Sirup zu. Und natürlich gibt es auch die bei der Familie beliebten Hollerküchel. Wenn Ende Juli/Anfang August die Gurkenpflanzen im Mistbeet und Gewächshaus schwächeln, dann müssen sie Platz für den Endiviensalat machen. „Wenn man diesen im Winter zusätzlich mit einem Vlies zudeckt, kann er bis zum Frühjahr geerntet werden", weiß Rita Schmid. Mit der Aussaat des Feldsalats wartet sie, bis die gestreiften Melonen mit ihrem orangen Fruchtfleisch abgeerntet sind. Beim Kartoffelanbau ist geplant, für einige Jahre zu pausieren: „Der Ertrag lässt nach, wenn man die Erdäpfl immer auf dem gleichen Platz anbaut.“ Vielleicht legt sie aber auch neue Beete an. Im Frühling ist ihr Tatendrang – wie bei allen Hobbygärtnern – immer besonders groß!

Ein weiteres Steckenpferd der Bäuerin ist es, den Garten mit Accessoires zu dekorieren und Schätze vom Dachboden in Szene zu setzen. Gut platziert sind mit Sprüchen versehene Holzscheiben, alte Fenster und Tafeln. Ein Beispiel: „Die ganze Natur ist eine Melodie, in der eine tiefe Harmonie verborgen ist.“ Die Söhne sind aus den Kinderschuhen schon längst herausgewachsen. Ihre kleinen Stiefelchen stehen mit Hauswurz bepflanzt am Gartenzaun. Zahlreiche Schmetterlinge kreisen um den Sommerflieder. „Ein herrlicher Strauch!“, freut sich Rita Schmid. Sie besitzt zwei Exemplare, einen in Lila und einen dreifarbigen in Lila-Rot-Weiß. Von den langen Blütendolden dürfen die Insekten und Vögel auch im Winter naschen. Denn der Rückschnitt erfolgt erst im zeitigen Frühjahr. Das gilt auch für die Stauden: „Es ist im Winter so schön anzuschauen, wenn Frost und Schnee alles verzaubern.“

Schwarzer Holunder *(Sambucus nigra)*

Kein Garten ohne Holler! Auf dem Land war der Strauch, Baum oder Busch jahrhundertelang sehr beliebt. Er galt als Schutzbaum gegen böse Geister und war wichtig für die Hausapotheke. Heute wird der Holunder wegen seiner gesunden Inhaltsstoffe wieder als Superfood entdeckt und mit seinen feinen, weißen Blütendolden als Zierpflanze geschätzt. Ein Blickfang sind auch die dunkelroten bis schwarzen Beeren im Spätsommer. Der Holunderstrauch ist relativ anspruchslos, benötigt aber genügend Platz. **Vorsicht:** Roh verzehrt sind die Beeren giftig.

POMPONS UND 200 SALATKÖPFE

Ich treffe Hedwig Paulus zufällig. „Mein Gemüsegarten ist noch komplett voll", sagt sie beim kurzen Gespräch. Das will ich sehen! Denn heute ist der 22. Oktober und da sind die meisten Nutzgärten bereits abgeräumt. Die Überraschung ist perfekt: Die Beete sind noch grün und bunt: Unzählige Salatköpfe warten auf Essig und Öl, Radieschen strecken ihre roten Kugeln in die Herbstsonne und die Dahlien strotzen vor Blühkraft. Daumen hoch, Frau Paulus!

DER GARTEN VON HEDWIG UND JOSEF PAULUS

Standort: Löwendorf/Pemfling (Landkreis Cham)

Grundstück: circa 1500 qm

Beschreibung: Der Garten des landwirtschaftlichen Anwesens weist unterschiedliche Bereiche auf. Vorm Haus sind es Formgehölze, die zwischen den Pflasterflächen ins Auge fallen. Gleich daneben lädt die Obstwiese mit Gartenlaube zum Innehalten ein. Herzstück ist aber der große Bauerngarten.

Beim „Tag der offenen Gartentür" im Jahr 2019 freute sich Hedwig Paulus über viele Gäste. Die Blumenwiese zeigte sich dazu Ende Juni in voller Pracht.

Das Haus der Familie Paulus steht in exponierter Lage am fast höchsten Punkt des Dorfes mit Fernsicht auf Berge und Täler. Das große Grundstück bietet viel Platz zum Gestalten und Anpflanzen. Hedwig und Josef Paulus stellen sich dieser Herausforderung seit über zwei Jahrzehnten. Neuestes Projekt ist ein Sitzplatz vorm Stallgebäude an der Zufahrt zum Hof. Im Herbst dominiert hier der rote Fächerahorn vor dem schon länger angestammten immergrünen Lebensbaum (Thuja). Der Vorgarten am Berghang musste durch die abschüssige Lage mit Granitsteinen aufgefangen werden. Etliche Formgehölze, darunter Pon-Pon-Bonsais (auch Pompons genannt) lockern das Grau auf. Gleich daneben schließt sich der Obstgarten mit Blumenwiese und Bäumen an.

Den Eingang zum Garten markiert ein großer Holzpavillon mit Schaukelbank und roten Dachschindeln. Eine Kletterrose klammert sich an die Rankhilfe und im Staudenbeet davor färben sich die Gräser gelb. Weithin sichtbar setzt sich die etwa zehn Jahre alte Rispenhortensie in Szene. „Diese hat auffällig große weiße Blütenrispen, die sich zum Ende des Sommers rosa färben", berichtet Hedwig Paulus. Eine Kiefer vor der Gartenlaube haucht dem Ensemble ein klein wenig asiatische Anmut ein. Den Hang hinauf fällt eine Mauer mit Rundbögen ins Auge. Ende Oktober entzückt hier der Liebesperlenstrauch mit seinen lila glänzenden Früchten.

Der große Bauerngarten befindet sich geschützt zwischen Wohnhaus und Gewächshaus. Zum Obstgarten hin bildet eine Sträucher- und Staudenrabatte die Grenze und in Richtung Damwild-Gehege hält ein immergrüner Zaun den Wind zurück.

Romantik im Pavillon: Die Herbstsonne lässt Gräser und auch die Rispenhortensie hinter der Schaukel leuchten.

Damit entstand ein ideales Mikroklima für ein gesundes Pflanzenwachstum. „Bei uns gibt es fast jeden Tag Salat“, sagt die Hobbygärtnerin. Neben Endiviensalat, Zuckerhut und Pflücksalat halten Ende Oktober noch einige Reihen roter Salatköpfe tapfer durch. „Partysalat“ sagt Hedwig Paulus dazu. Gepflückt werden darf dieser blattweise, so dass mittags meist eine bunt gefüllte Salatschüssel auf dem Tisch steht. Die Zucchini schwächeln bereits, und die Tomaten und Gurken im Gewächshaus sind abgeerntet. „Die noch unreifen grünen Tomaten dürfen in einer Schüssel im kühlen Vorratsraum langsam rot werden“, erklärt Paulus. Unter einem Foliendreieck wachsen als frische Herbstaussaat Feldsalat, Spinat und Radieschen heran. Die Kartoffeln baut die Familie am Acker an. Diese sind jetzt natürlich längst im Keller. Eine Rettichpflanze hat die Hobbygärtnerin zum Nachreifen stehen gelassen, um selber Samen zu gewinnen: „Ich möchte nächstes Jahr die Aussaat damit probieren.“ Noch wartet sie auf den richtigen Zeitpunkt der Reife. „Der ist gekommen, wenn die Schote trocken und hart geworden ist und braun aussieht.“ Doch zu lange warten darf man auch nicht, „weil dann die Samen zu Boden kullern“. Wer sie zu früh abnimmt, muss mit Schimmel rechnen.

» WENN KÄLTERE FRÜHJAHRSNÄCHTE DROHEN UND DIE DAHLIEN SCHON AUS DER ERDE SPITZEN, DECKE ICH DAS BEET MIT EINEM VLIES AB. «

Am Hausgiebel stehen von Juni bis zum ersten Frost die Dahlien in voller Blüte. Neben den Ball- und Pompon-Dahlien gibt es auch halbgefüllte Sorten. Vor der Einwinterung schneidet Hedwig Paulus die Stängel ab und befreit die Knollen von der Erde. Danach werden sie beschriftet (Wuchshöhe, Farbe), in eine Kiste gesetzt und in den dunklen Keller gestellt. Erst im April geht es wieder hinaus ins Freie. Hedwig Paulus lässt die Knollen nicht vortreiben, sondern gräbt sie gleich an Ort und Stelle ein. „Wenn kältere Frühjahrsnächte drohen und die Dahlien schon aus der Erde spitzen, decke ich das Beet mit einem Vlies ab.“

Zurück zum Herbst. Hedwig Paulus, Vorsitzende des Obst- und Gartenbauvereins (OGV) Grafenkirchen, lässt viele Blütenstände als Nahrungsquelle für Vögel und Insekten etwas länger stehen. Auch den Nutzgarten räumt sie erst Ende November ab. Danach werden die Beete umgestochen. Im Frühjahr wird Hornmehl gestreut und nochmals aufgehackt. Dort, wo der Salat hinkommt, arbeitet sie etwas Kuhmist oder auch Mist vom eigenen Damwild als organischen Dünger ein.

Beim Sitzplatz vorm Stallgebäude dominiert im Herbst der rote Fächerahorn.

Liebesperlenstrauch *(Callicarpa bodinieri)*

Der Liebesperlenstrauch wird auch Schönfrucht genannt und gilt als pflegeleicht und winterhart. Junge Pflanzen sind allerdings frostgefährdet. Die Sorte 'Profusion' gefällt mit ihrem starken Fruchtansatz. Die kugelrunden lila Beeren erinnern im Herbst an Perlen, sind jedoch für Menschen leicht giftig. Im Sommer fallen die violetten Blüten nicht groß auf, werden aber von Bienen & Co. gerne aufgesucht. Auch wenn der Strauch schon blätterlos ist, bleiben die dekorativen kleinen Fruchtperlen meist noch über den Dezember hinaus hängen.

Der Gemüsegarten ist Ende Oktober noch gut gefüllt. Beim Lauch/Porree sind die Herbst- und Wintersorten kräftiger im Geschmack.

Übrigens: Löwendorf liegt nicht nur landschaftlich schön, auch die Anwesen sind gepflegt. 2016 erhielt der Ort beim Wettbewerb „Unser Dorf soll schöner werden – Unser Dorf hat Zukunft" einen Sonderpreis. Die OGV-Mitglieder sind bei der Aktion „Vielfaltsmacher" des Bayerischen Landesverbands für Gartenbau und Landespflege (Dachverband der rund 3250 bayerischen Gartenbauvereine) dabei. Gefragt sind Projekte, die den Garten zur Schatzkammer für die Artenvielfalt machen.

GARTENWISSEN

Der Dahlien-Garten

Ein Oberpfälzer Bauerngarten ist ohne Dahlien nicht vorstellbar, auch wenn es sich dabei um Einwanderer aus Mexiko handelt. Sie blühen zwar bis zum ersten Frost, sind aber nicht winterhart. **Die Überwinterung:** Stängel bis auf etwa zehn Zentimeter herunterschneiden und die Knollen vorsichtig ausgraben, trocknen lassen und in mit Zeitungspapier ausgelegte Kisten in einen dunklen frostfreien Keller stellen. **Ausgepflanzt** wird Mitte April bis Mitte Mai (in hohen Lagen die Eisheiligen abwarten) direkt ins Beet oder in einen Topf (bei Schneckenplage anzuraten). Wenn die Knollen schon im Winterquartier ausgetrieben haben, kürzt man die Triebe vor dem Pflanzen ein. Die Dahlien werden circa zehn Zentimeter tief in lockere Erde gesetzt, wobei die Stängelreste aus dem Vorjahr noch zu sehen sein sollten. Angießen nicht vergessen. Für einen Wachstumsfortschritt kann man die Knollen in Töpfen vortreiben lassen. Dahlien mögen einen sonnigen, windgeschützten Standort und etwas Kompost beim Einpflanzen. Regelmäßiges Entfernen der verblühten Köpfe („ausputzen") verlängert die Pracht. **Die Vermehrung** ist eine Art Verjüngungskur: Im Frühjahr die Knolle mit einem sauberen, scharfen Messer teilen. Wichtig: Ein Auge und ein Stück vom alten Trieb müssen vorhanden bleiben.

DER GARTEN VON ROSEMARIE UND JOSEF MEISSNER

Standort: Mähring (Landkreis Tirschenreuth)

Nutzgarten: 11,50 x 17 Meter

Beschreibung: Vierseithof in Alleinlage auf 550 Höhenmetern. Der Bauerngarten mit Gewächshaus und Anzuchthaus dient der Selbstversorgung. Beerensträucher und Obstbäume schützen vor dem Ostwind. Schafe und Gänse vervollständigen das Bild der ländlichen Idylle nahe der tschechischen Grenze.

SELBSTVERSORGER AM VIERSEITHOF

Frage: Was macht ein IT-Fachmann im Ruhestand? Antwort: Er lässt den Computer für den Garten arbeiten! Das trifft natürlich nicht aufs Jäten zu, aber mit der Planung muss sich Josef Meißner den Winter über nicht herumschlagen. Per Mausklick steht schnell fest, was er nächstes Jahr – streng nach den Regeln der Fruchtfolge – auf welches der 35 Beete säen oder pflanzen wird. Unkrautzupfen würde der Gemüsefreak eh nicht abgeben: Das ist für ihn Entspannung pur.

Rosemarie und Josef Meißner schätzen ihren Bauerngarten als Speisekammer der Natur. Die Selbstversorgung mit Salat und Gemüse praktiziert das Ehepaar seit Jahrzehnten. Für zwei Personen wächst in den Beeten mehr als genug, und so reicht ein monatlicher Großeinkauf in der Kreisstadt Tirschenreuth. Die Tatsache, dass es im Grenzort Mähring seit einigen Jahren keinen Laden mehr gibt, macht diese Unabhängigkeit für sie noch wertvoller. Was nicht frisch verzehrt wird, landet in Gläsern im Regal oder in einer der zwei großen Gefriertruhen. Die Verarbeitung ist das Feld von Rosemarie Meißner, während der Gatte federführend und gerne den Gemüsegarten bewirtschaftet. „Der Garten ist ein Quell der Freude", sagt der Pensionist. Auch schon während seiner aktiven Zeit an einer Berufsfachschule für IT-Berufe schätzte er es, beim Garteln den Kopf freizubekommen.

Wenn man auf den Vierseithof zufährt, fällt sofort der Hanichelzaun ins Auge, der den Bauerngarten zur Hofzufahrt und den Wiesenflächen hin abgrenzt. Davor wächst der giftige Fingerhut. „Der muss auf Wunsch meiner Frau draußen bleiben und landet im Herbst natürlich auch nicht auf dem Kompost", erklärt der Hobbygärtner. Er aber schätzt die purpurne Blütenpracht der Staude, die auch als Bienenweide eine wichtige Funktion erfüllt. In den Garten hinein dürfen die Ringelblumen und auch die dekorativen Gladiolen. Der Zaun ist notwendig, damit Gänse und Schafe ausgesperrt sind. Doch mittlerweile spielt das Fleisch schon fast eine Nebenrolle, denn das Ehepaar hat sich „aufs Gemüse eingeschossen".

» UNKRAUTJÄTEN IST FÜR MICH KEIN MUSS, ICH MACH ES GERNE. «

Im etwa 200 Quadratmeter großen Nutzgarten will Josef Meißner so viel kultivieren wie möglich. Schon früh im Jahr wird gesät, gepflanzt, gehackt, gegossen. Egal, auf welches Gemüse die Sprache kommt, er schwärmt sogleich von leckeren Gerichten: „Lauch ist eine Götterspeise und im Römertopf zusammen mit Lamm gegart eine Köstlichkeit." Fünf Beete hat er 2020 davon angebaut. Die nicht frisch verbrauchten Stangen werden in kleine Stücke geschnitten und eingefroren. Ein weiteres Lieblingsgemüse ist Fenchel. Dafür sind vier Beete reserviert. „In meiner Jugend hab ich Fenchel nicht gegessen, aber jetzt bin ich süchtig danach", sagt er lachend. Das knackige Gemüse isst er gerne roh. In der Küche wird die Knolle zu Braten, Hackfleisch oder im Auflauf verwendet: „Fenchel kann man überall reintun." Schließlich ist die Pflanze sehr gesund: Fenchel hat beinahe doppelt so viel Vitamin C wie Orangen.

Das Gartenjahr beginnt und endet bei den Meißners mit dem Umgraben. Nach der Ernte im Herbst wird Scholle für Scholle umgedreht. Im Frühjahr bringt Josef Meißner Kompost als organischen Dünger auf (etwa drei Liter pro Quadratmeter) und hackt die Beete nochmals leicht durch. „Kartoffeln benötigen doppelt so viel Kompost", erklärt er. Manchmal gibt er auch etwas mineralischen Dünger dazu. Beim erfolgreichen Gärtnern auf rund 550 Höhenmetern helfen das Gewächshaus und ein hohes Anzuchthaus, dessen Glasfront die Sonne einlädt. Ein großes Luftvolumen über den Pflanzen ist in den Sommermonaten wichtig, weil damit Temperaturschwankungen im Tagesverlauf aufgefangen werden und sich eine passende Luftfeuchte einpendeln kann. Bei Josef Meißner sind die beiden Glashäuser im Frühjahr mit vielen Pflanzenkindern belegt, die in Töpfen vorgezogen auf ihren Auftritt im Beet warten.

Etwa 30 Zentimeter hohe, selbst gegossene Betonsteine gliedern den Garten in sieben Felder. Damit sind eine Art „niedrige Hochbeete" entstanden. Die Wege dazwischen sind geschottert und damit recht pflegeleicht. Im Laufe des Frühlings entstehen auf der Fläche 35 unterschiedlich bepflanzte Beete. „Hier wächst alles, was man braucht", sagt Josef Meißner. Aber es wächst kei-

Fenchel ist sehr gesund und ein Lieblingsgemüse der Gartenbesitzer.

neswegs zufällig, sondern streng nach Plan. Denn der Hobbygärtner arbeitet mit der dreijährigen Fruchtfolge. Das erste Jahr sind es die Starkzehrer mit hohem Nährstoffbedarf (wie Lauch, Kohlrabi). Im Jahr darauf solche mit mittlerem Bedarf (Mittelzehrer wie Salat, Fenchel) und schließlich im dritten Anbaujahr die Schwachzehrer (wie Radieschen und Zwiebeln). Nicht fruchtfolgerelevant sind Erdbeeren und Kräuter: „Diese dürfen überall dazwischen." Meißner zeigt eine Grobskizze des Gartens mit den sieben vorgegebenen Flächen. Die Feineinteilung in 35 Beete mit unterschiedlicher Belegung erfolgt jedes Jahr individuell aufs Neue. „Was wo rein muss", darüber muss der ehemalige Berufsschullehrer sich nicht lange den Kopf zerbrechen: Ein von ihm selbst entwickeltes Computerprogramm rechnet automatisch aus, mit welchem Anbauplan die Regeln der Fruchtfolge eingehalten werden können. Dieser Plan bildet dann für ein Jahr die Grundlage allen gärtnerischen Tuns. „Ohne Aufschreiben geht es aber nicht", sagt Meißner, der während der Saison mitnotiert, welches Gemüse wann und wohin gesät oder gepflanzt wird.

Anfang April geht's los: Jede Woche wird mindestens ein Beet angebaut. Die ersten Salatpflanzen werden nicht selber gesät, sondern gekauft und mittels Folientunnel vor Nachtfrösten geschützt. „Ich pflanze den Salat im Abstand von 30 Zentimetern, die meisten Leute stecken ihn viel zu eng", sagt Josef Meißner. Für das Kohlgemüse hat er sechs Beete reserviert: Nur je ein Beet gibt es für Grünkohl und Kraut, denn das meiste Kraut wurde wegen der Kohlfliege aufs Feld ausgelagert. Vier Beete gibt es für die Mischkultur von Radieschen, Kohlrabi, Rettich und Spinat. „Radieschen sind ganz schön kompliziert", sagt der begeisterte Gemüsegärtner. Er sät sie nur im zeitigen Frühjahr und dann erst wieder ab Ende Juli. „Den Sommer über setze ich aus, denn bei heißen Temperaturen schießen sie ins Kraut und bilden die Knollen viel zu klein aus." Mit Drahtwürmern hat er dank Fruchtfolge kein Problem: „Die kommen nur, wenn man den Radieschen jedes Jahr den gleichen Platz zuweist."

Steckrübe/Dorschen

Die Steckrübe ist in der Oberpfalz eher als Dorschen bekannt. Im Unterschied zur Speiserübe (grasgrüne Blätter) hat sie blaugrüne Blätter. Die Steckrübe benötigt viel Würze. Deshalb eignen sich für die Küche eher die gelblichen Sorten, da diese intensiver schmecken. Die weißen Sorten werden überwiegend als Tierfutter angebaut. Im „Steckrübenwinter 1916/17" (Erster Weltkrieg) galt die Knolle als eiserne Nahrungsreserve. Doch das ist lange her. Jetzt haben es die Dorschen sogar in die Sterneküche geschafft.

Paprika wächst in Töpfen windgeschützt im Innenhof.

Auch Erbsen sind ein Lieblingsgemüse von Rosemarie und Josef Meißner. Deshalb werden gleich sechs Beete im Abstand von jeweils vier Tagen angesät: „Damit wir zeitverzögert ernten können." Die Hälfte der Erbsen werden – aus den Schoten gepult – frisch vom Strauch gegessen. Fenchel ist als Letztes dran, denn die optimale Temperatur für die Keimung der Samen liegt bei 20 bis 22 Grad Celsius. Mitte Mai sind schließlich alle Beete belegt und Josef Meißner freut sich auf die ersten Kohlrabi. Im Frühjahr verzehrt er jeden Tag eine Knolle roh. Neben den Karotten setzt er auf die etwas vergessene Dorsche/Runkelrübe als typisches Wintergemüse: „In der Pfanne einfach köstlich." Im Herbst halten Zuckerhut, Chinakohl und Endiviensalat ebenfalls noch lange durch. Pflanzen, die es vertragen (wie Lauch, Radieschen und Rettich) bekommen bei den Meißners jede Woche einen Kübel unverdünnte

Brennnesseljauche: „Damit gehen die Bodenschädlinge ein.“ Himbeer- und Brombeersträucher haben ihren festen Platz im hinteren Bereich des Gartens und dienen als Windschutz. Tomaten und Gurken fehlen im Pflanzplan, denn diese dürfen jedes Jahr in die Glashäuser einziehen. Die Zucchini wachsen entlang des Zaunes.

Der Nutzgarten benötigt auch über den Sommer hinweg viel Pflege. Doch damit hat Josef Meißner kein Problem: „Unkrautjäten ist für mich kein Muss, ich mach es gerne!“ Er bezeichnet es sogar als eine Art Meditation. Er stellt aber auch ganz nüchtern fest: „Wenn man einen Garten haben will, dann muss man hacken.“ Die Bewässerung der Beete erleichtert eine Zisterne. Der Vierseithof war zwar früher eine Mühle, doch im Zuge der Flurbereinigung wurde der Bach verlegt. Noch Mitte Oktober stehen geschützt im Innenhof etliche Kübel mit Paprikapflanzen, die gesunde rote und gelbe Früchte tragen. Die Zwiebeln hängen im Herbst in Schnüren auf der Altane (eine Art Balkon) zum Trocknen. Das ist dekorativ und praktisch, denn Wind und Sonne helfen dabei, dass sie nach der Ernte nicht faulen. Zusätzlich zum Rasen bringt Efeu an der Fassade des Schafstalls noch mehr Grün in den Hof hinein. Beim Freisitz schlängelt sich eine Clematis in die Höhe. Der Hausherr stutzt diese im Herbst fast bodennah zurück. Jetzt ist auch die Zeit gekommen, die Gemüsevorräte zu genießen. Und schon bald beginnt das nächste Frühjahr und Josef Meißner muss nur noch den Anbauplan für die neue Gartensaison ausdrucken.

GARTENWISSEN

Abwechslung hält die Pflanzen gesund und stark. Pflanzt man über mehrere Jahre die gleichen Sorten an den gleichen Platz, kommt es zur Bodenermüdung. Dies ist dann häufig der Grund, wenn sich Krankheiten und Schädlinge im Gemüsegarten austoben und die Ernte mager ausfällt. Die Lösung: Fruchtwechsel, Fruchtfolge und Mischkultur. Dabei hilft es oft schon, die Grundzüge zu beachten.

Teilt man Nutzgartenbereiche in drei gleich große Abschnitte ein, lässt sich leicht von Jahr zu Jahr ein Wechsel bei den Gemüsegruppen erzeugen, indem man einfach ein Feld weiter wandert. Ein Drei-Jahres-Plan hilft dabei, den Überblick zu behalten. Als Start bietet sich ein Jahr mit Gründüngung an. Danach werden im ersten Jahr überwiegend Starkzehrer, im zweiten Jahr Mittelzehrer und im dritten Jahr überwiegend Schwachzehrer angebaut. Auf diese Weise wirkt man einer einseitigen Nährstoffentnahme entgegen. Ausnahmen: Tomaten und Erdbeeren können etliche Jahre auf dem gleichen Beet stehen.

- **Starkzehrer:** Kürbis, Lauch, Zucchini, Kohlrabi
- **Mittelzehrer:** Gurken, Spinat, Salat, Rettich, Rote Bete
- **Schwachzehrer:** Radieschen, Zwiebeln, Feldsalat, Erbsen, Bohnen

Es ist aber nicht nur der Nährstoffbedarf zu beachten. Damit eine gute Ernte gelingt, sollte in einer Saison bei aufeinanderfolgenden Pflanzungen die Kombination von Wurzel- und Blattgemüse beachtet werden. Hier muss man hinsichtlich Stark-, Mittel- und Schwachzehrern nicht pingelig sein, denn im selben Jahr können auch zwei Starkzehrer nacheinander gepflanzt werden. Meistens sind es eher die Verwandten, die Probleme machen. Die Pflanzenfamilien sind eingeteilt in Doldenblütler (wie Zwiebeln, Möhren), in Kreuzblütler (wie Kohl und Rettich), Schmetterlingsblütler (Erbsen, Bohnen) und andere. **Drei Beispiele für jeweils ein Beet in einer Saison:** Kopfsalat/Radieschen (Vorkultur), Bohnen (Hauptkultur) und Endivien/Feldsalat (Nachkultur).
Oder: Kohlrabi/Kopfsalat (Vorkultur), Rote Bete (Hauptkultur) und Senf (Nachkultur).
Oder: Zwiebeln/Karotten (Vorkultur) und Endivien (Hauptkultur).

Mischkultur

Bildet die Fruchtfolge den jährlichen Standortwechsel ab, so geht es bei der Mischkultur darum, die passenden Nachbarn auszuwählen. Das Grundprinzip: Gemüsepflanzen, die zur gleichen Zeit auf einem gemeinsamen Beet gepflanzt oder gesät werden, sollten miteinander harmonieren. Deshalb ist vorher zu klären: „Wer verträgt sich mit wem?“ Ein Beispiel zur Verständigung: Die Petersilie scheidet aggressive ätherische Öle aus. Diese vertreiben zwar manche Schadinsekten, aber der direkt daneben stehende Kopfsalat leidet, was dazu führen kann, dass er keine Köpfe ausbildet und vorzeitig „schießt“. Für Tomaten ist die Petersilie aber ein guter Nachbar.

Zwei Beispiele zur Frage „Wer verträgt sich mit wem?“

Kopfsalat:
- **Gute Nachbarn:** Erbsen, Erdbeeren, Gurken, Karotten, Bohnen, Kohlrabi, Radieschen, Rettich, Lauch, Rhabarber, Rote Bete, Tomaten, Zwiebeln
- **Schlechte Nachbarn:** Sellerie, Petersilie, Kohl

Lauch:
- **Gute Nachbarn:** Endiviensalat, Gurken, Kohl, Kohlrabi, Kopfsalat, Karotten, Erdbeeren, Sellerie, Tomaten
- **Schlechte Nachbarn:** Erbsen, Bohnen, Rote Bete

DER GARTEN VON EDELTRAUD UND EGBERT VÖLKL

Standort: Pirk/Oberviechtach (Landkreis Schwandorf)

Grundstück: 1200 qm

Beschreibung: Der Garten am Dorfrand wurde vor rund 25 Jahren naturnah angelegt. Gehölze, Sträucher, Stauden, ein kleiner Teich, Steine und Sitzplätze verströmen ein freundliches Ambiente. 2018 kamen 200 Quadratmeter dazu. Hier werden jetzt Gemüse und Beerenobst in Permakultur angebaut.

MEHR NATUR MIT PERMAKULTUR

Garteln ist eindeutig das Hobby Nummer eins bei der Familie Völkl. Der neue Permakultur-Gemüsegarten und die Blumenwiese vorm Zaun sind für Mensch und Tier eine Bereicherung. Nachdem ein Schwarm Schwebfliegen schon mal mehr erfreut als so manche Blume, wird bei der Auswahl von Kräutern und Zierpflanzen auf die Vorlieben der Insekten geachtet.

„Ich hab eigentlich immer nur auf die Blumen geschaut. Doch jetzt bin ich voll im Gemüseanbau drin." Wenn Edeltraud Völkl von ihrem Garten erzählt, dann sprudelt es nur so aus ihr heraus. „Ich lebe dafür", sagt sie. Auch Ehemann Egbert hat sie mit ihrer Begeisterung angesteckt und so hat sich im Laufe der Jahre ein kleines Gartenjuwel am Dorfrand entwickelt. Neue Möglichkeiten boten sich im Frühjahr 2018 auf den zusätzlichen 200 Quadratmetern am angrenzenden Grundstück. Nachdem das Ehepaar durch ein Youtube-Video auf die Permakultur aufmerksam wurde, wollten sie es auf der neuen Fläche damit versuchen. Zur Erklärung: Permakultur (permanent agriculture) ist ein nachhaltiges Konzept für Landwirtschaft und Gartenbau. Es geht darum, natürliche Ökosysteme und Naturkreisläufe nachzuahmen: Eine dauerhafte Kultur, die sich jedes Jahr von selber aussät und gesund heranwächst.

Edeltraud Völkl erläutert den Aufbau ihres Permakultur-Gartens. So wurden als Grundlage zunächst unbedruckte Kartons auf dem Rasen ausgelegt („Regenwürmer fressen gerne Zellulose") und darauf Gar-

Kulturschutznetze vehindern Schädlingsbefall und Fremdbestäubung.

» PFLANZEN, DIE SICH SELBER AUSSÄEN UND ZU TREIBEN BEGINNEN, SIND SEHR ROBUST UND FEST. DIE SAMEN GEWÖHNEN SICH IMMER MEHR AN UNSER RAUES KLIMA UND AN DEN BODEN. «

tenabfälle, Laub, Gehölz- und Grasschnitt sowie Pferdemist aufgebracht. Darüber kam Gartenerde und zum Abschluss eine Mulchschicht. So entstanden mehrere Hügelbeete, die vom Aufbau der „inneren Werte" mit einem Hochbeet zu vergleichen sind. Denn auch hier erwärmt der Rotteprozess (Abbau und Umbau der organischen Substanz) die Erde: „Das fördert das Wachstum, alles geht viel schneller." Der neue Gemüsegarten machte gleich im ersten Jahr viel Freude: „Das ist richtig explodiert. Drei Kürbispflanzen brachten beispielsweise rund 60 Kürbisse hervor." Für den Windschutz und als „Sonnenfalle" (für ein optimales Licht-Schatten-Verhältnis) wurden Beerensträucher und Blühstauden gepflanzt. Damit sich die Nützlinge gleich zu Beginn wohlfühlten, brachte Egbert Völkl Totholz und Steinlesehaufen auf die Fläche ein.

Gegärtnert wird zum einen in Mischkultur mit dem bewussten Ziehen von Reihen, und zum anderen durch die Selbstaussaat. Als es 2018 ums Bestellen der Beete ging, wurde deshalb nur samenfestes Saatgut verwendet. Dieses hat den Vorteil, dass es sich selbst vermehren kann. Eine Saatgutspezialistin aus Schwandorf, die sich der Erhaltung und der Verbreitung der Kulturpflanzenvielfalt verschrieben hat, war dabei eine gute Adresse. Die Völkls besorgten sich bei ihr Samen von Petersilie, Rote Bete, Bohnen, Erbsen, Gelben Rüben, Mangold, Lauch und Tomaten. Damit sich der Kreislauf schließt, werden nun jedes Jahr einige Gemüsepflanzen bis zur Blüte und Selbstaussaat stehen gelassen.

Die Blumenwiese mit Steininseln ist ein Rückzugsort für Insekten.

GARTENWISSEN

Beerensträucher durch Stecklinge ziehen

Sortenechte Vermehrung: Einjährige Triebe werden in etwa 25 Zentimeter lange Stücke geschnitten und zu zwei Drittel in die Erde (mit Sand gemischt) gesteckt. Der Boden muss feucht gehalten werden, weshalb sich ein halbschattiger Standort gut eignet. An den Augen des Steckholzes bilden sich Wurzeln. Wenn diese gut ausgebildet sind, können die Jungpflanzen versetzt werden.

Königskerze und Stockrose sind typische Bauerngartenpflanzen.

Beim Salat praktizierte die Hobbygärtnerin dies schon früher, jetzt kamen noch Bohnen und Erbsen (gut geeignet für Anfänger) dazu. Auch an Rote Bete wagte sie sich heran. Letztere bilden ihr Saatgut aber erst im zweiten Jahr aus.

Ausgereiftes Saatgut ist beigefarben, trocken und hart. Während sich ein Teil von selber im Garten verteilt und im nächsten Frühjahr Jungpflanzen hervorbringt, sichert sich Edeltraud Völkl natürlich auch Samen von gut gewachsenen Exemplaren in Tütchen. Ihre Erfahrung: „Pflanzen, die sich selber aussäen und zu treiben beginnen, sind sehr robust und fest. Die Samen gewöhnen sich immer mehr an unser raues Klima und an den Boden.“ Und sie ergänzt: „Denn wenn die Bedingungen nicht passen würden, dann würden sie ja nicht keimen.“ Die Hobbygärtnerin hat einen weiteren Vorteil entdeckt: „Die Schnecken mögen die robusten Pflanzen nicht so gerne und lassen sie in Ruhe.“

Für 2021 hat sie sich vorgenommen, Samen von den Zucchini zu gewinnen. „Das ist höhere Kunst“, betont Edeltraud Völkl, „denn mit dem Bestäuben und Abdecken der Blüte muss man schneller als die Bienen sein.“ Ebenfalls nicht einfach läuft es bei den Möhren, da mit einem Vlies verhindert werden muss, dass sich die Wilde Möhre von der gegenüberliegenden Blumenwiese durch Fremdbestäubung einkreuzt. „Das ist so spannend“, schwärmt die leidenschaftliche Gärtnerin, die sich auch freut, wenn sich Insekten und Kleintiere im Garten wohlfühlen. So entdeckte sie auch schon den seltenen Schwalbenschwanz-Schmetterling. Die Düngung erfolgt ausschließlich organisch mit Mist, Pflanzenjauche (Brennnessel/Beinwell) sowie Gesteinsmehl. Dazu kommt die Flä-

Aronia *(Aronia melanocarpa)*

Aronia (Schwarze Apfelbeere) gilt als neues Superfood aus dem Garten. Die Beeren enthalten viele Vitamine und Mineralstoffe und Beerenfans setzen auf die antioxidative Wirkung der sekundären Pflanzenstoffe. Je sonniger der Strauch steht, desto mehr Früchte bilden sich aus. Verzehr als Saft, Marmelade, Gelee oder getrocknet. **Vorsicht:** Roh sollten die säuerlich-herben Beeren nur in kleinen Mengen gegessen werden, da sie etwas giftige Blausäure enthalten. Durchs Erhitzen wird diese unschädlich gemacht. Die Ernte erfolgt etwa Ende August; aber auch die Vögel schätzen die schwarzen Früchte. Der Aroniastrauch ist pflegeleicht und stellt keine besonderen Ansprüche an den Boden. Im Herbst verfärben sich die Blätter in ein leuchtendes Rot.

chenkompostierung. Für ein gutes Mikroklima sorgt ein Streifen mit Beerensträuchern, wie Aronia, Josta und Schwarze Johannisbeere. „Die Vermehrung der Sträucher mit Stecklingen klappt gut", freut sich Edeltraud Völkl.

Das gartenbegeisterte Ehepaar hat noch ein neues Projekt angepackt: Eine Blumenwiese mit Steininseln vor dem Gartenzaun. In das gefräste, gelockerte Erdreich wurde im Frühjahr 2019 eine Blühmischung gesät. Im ersten Jahr zeigten sich Mohn, Kornblumen und Raps. „Es hingen Massen von Schwebfliegen am Mohn. Das war ein Traum!", berichtet Edeltraud Völkl. Erst im Herbst wurde alles mit der Sense abgemäht. Im nächsten Jahr blühten vor allem Hornklee, Wilde Möhre und Natternkopf: „Eine Blumenwiese schaut jedes Jahr anders aus. Wir sind gespannt aufs nächste Jahr."

Relativ beständig im Hinblick aufs Äußere ist der Ziergarten rund ums Haus mit Gehölzen, Sträuchern und Stauden. Im Schattenbeet dominieren die Farben Weiß und Grün.

GARTENWISSEN

Permakultur im Gemüsegarten

Permakultur (permanent agriculture) bedeutet so viel wie „dauerhafte Landwirtschaft". Es geht darum, natürliche Ökosysteme und Naturkreisläufe nachzuahmen: eine dauerhafte Kultur, die sich jedes Jahr von selber aussät und wächst.

Ratschläge von Edeltraud Völkl:

- Alte Sorten aussäen und aussäen lassen, die dem Boden und dem Klima angepasst sind und deshalb eher von Schädlingen gemieden werden.
- Mulchen mit Grasschnitt, Laub, Stroh oder Heu, um die Bodenfeuchte und das Bodenleben zu erhalten. Die Natur kennt keine offenen Böden.
- Mischkulturen mit Blumen und Kräutern, um die Gesunderhaltung zu fördern.
- Grüngut (Laub und Gartenabfälle) ergibt den besten Gartenboden. Was dem Garten genommen wird, wird auch wieder zurückgeführt.

Im geschützten Töpfchengarten wachsen Funkien heran.

Ein Insektenhotel mit Fünf-Sterne-Komfort.

Als Nist- und Überwinterungshilfe für die Nützlinge steht ein selbstgebautes Insektenhotel mit mehreren Etagen und unterschiedlich eingerichteten Zimmern für die jeweiligen Bedürfnisse bereit. Hier ziehen nicht

Ein Steckenpferd von Edeltraud Völkl ist die Vermehrung von Funkien mittels Samen: „Es ist spannend, ob eher die Mutter- oder die Vaterart durchschlägt." Eines ist klar, anders als bei der Wurzelvermehrung sind die aus Samen gezogenen Funkien nicht identisch mit den Elternpflanzen. Die zahlreichen Pflanzenkinder werden im „Töpfchen-Garten" unter der Pergola herangezogen. Neu ist eine Kräuterspirale mit auffallend vielen Oregano-Sorten. „Die Auswahl wird nach den Vorlieben der Insekten in Hinblick auf Blüte und Duft getroffen." Auch Salbei und Sonnenhut erweisen sich als beliebte Landeplätze.

GARTENWISSEN

Saatgut: Samenfest und F1-Hybriden

Samenfestes Saatgut hat den Vorteil, dass es sich zuverlässig vermehren lässt: Die Nachkommen haben dieselben Eigenschaften (Farbe, Größe, Geschmack) wie die Mutterpflanzen. Von sortenreinen Samen spricht man, wenn beim Nachzüchten nur eine Sorte herauskommt. Wenn die Bezeichnung „sortenrein" also auf einer Saatgut-Tüte draufsteht, kann man sich darauf verlassen, dass nur die Samen von einer Sorte drin sind.

F1-Hybriden sind qualitativ vergleichbar mit herkömmlichen Sorten, auch hier gibt es Bio-Samen. Sie stammen jedoch aus der Kreuzung von zwei Sorten (F1 steht für 1. Generation nach den Elternpflanzen). **Vorteil:** Durch Kreuzungen wurden Sorteneigenschaften (Resistenzen oder besondere Formen/Farben) erzielt, die nur als F1-Hybride möglich sind. **Nachteil:** F1-Hybriden sind nicht samenfest. Das bedeutet, daraus lässt sich kein neues, brauchbares Saatgut gewinnen. Denn bei der zweiten Generation (F2) würden Sorteneigenschaften zufällig auftreten, so dass als Beispiel nur manche Pflanzen resistent gegen Mehltau wären.

nur Wildbienen und Hummeln gerne ein, sondern auch Schwebfliegen und Schmetterlinge. Holzwolle als Füllung ist ideal für Florfliegen, Marienkäfer und Ohrwürmer.

Zwischen Wintergarten und Zaun wuchs während des ersten Lockdowns im Frühjahr 2020 eine „Corona-Mauer“ aus Feldsteinen in die Höhe. Diese dient als Zierde und Windschutz. „Mein Mann hat den Mörtel gemacht und das Fundament und ich hab dann einfach losgemauert“, berichtet Edeltraud Völkl.

Statt sich näher einzulesen, probierte sie es lieber gleich aus. So hält sie es auch mit der Permakultur: „Da lerne ich jedes Jahr dazu.“ Der Garten dient als liebste Freizeitbeschäftigung mit Mehrwert: „Der Gemüsegarten macht mir unheimlich viel Spaß, das kann man gar nicht beschreiben. Frisches Gemüse griffbereit vorm Haus zu haben, einfach rauszugehen und zu ernten, das ist ein Traum.“ Ein Teil der Selbstversorgung sind die fünf Hühner, die nicht nur Eier, sondern auch organischen Dünger für die Beete liefern.

» DER GEMÜSEGARTEN MACHT MIR UNHEIMLICH VIEL SPASS, DAS KANN MAN GAR NICHT BESCHREIBEN. FRISCHES GEMÜSE GRIFFBEREIT VORM HAUS ZU HABEN, EINFACH RAUSZUGEHEN UND ZU ERNTEN, DAS IST EIN TRAUM. «

DER GARTEN VON ROMANA UND HANS KRAMER

Standort: Haag/Winklarn (Landkreis Schwandorf)

Grundstück: 2500 qm

Beschreibung: Der Garten am Dorfrand besticht durch seine Vielfalt. Obstwiese, Gemüsegarten, Gehölze, Stauden, Rasen und Rosen sowie ein Schwimmteich mit Bachlauf und der Steingarten bilden ein harmonisches Ensemble rund ums Eigenheim. Auch Hühner, Hasen und Laufenten haben Platz.

LILIEN, LAUCH UND LAUFENTEN

„Bin im Garten", steht auf einem Zierstein am Eingang. Klingeln ist meist zwecklos, denn Romana und Hans Kramer trifft man von Frühling bis Herbst hinterm Haus an. Dort hat sich das Ehepaar einen Gartentraum erfüllt, der vor zehn Jahren mit einem Schwimmteich und einer Grillhütte gekrönt wurde.

Vor rund 30 Jahren hat sich die damals junge Familie, angrenzend ans Elternhaus von Hans Kramer, ein Eigenheim auf die Wiese gestellt. Der Garten entwickelte sich dann nach und nach. „Ich bin eine Pflanzensammlerin", sagt Romana Kramer und zeigt auf Raritäten in den Staudenrabatten. Besonders Iris und Lilien haben es ihr angetan. Einige Zeit lang war sie Mitglied bei der europäischen Liliengesellschaft und erhielt via Internet Tipps für neue Züchtungen und auch die begehrten Samentüten. Im zeitigen Frühjahr

Lilie *(Lilium)*

Lilien haben wunderschöne Blüten, benötigen nur wenig Gießwasser und fühlen sich im Freiland sowie im Kübel wohl. Gepflanzt wird drei Mal so tief, wie die Zwiebel hoch ist, am besten an einen sonnigen bis halbschattigen Standort ohne Staunässe. Zu Beginn des Austriebs reichlich mit Kompost düngen. Gut: Boden mulchen oder kleinere schattenspendende Begleitpflanzen setzen. Nach der Blüte die verwelkten Knospen mit Stiel entfernen. Die Blätter stehen lassen, bis sie braun werden. Denn durch das langsame Einziehen holt sich die Lilienzwiebel neue Kraft für den nächsten Sommer. Lilien kann man durch das Teilen der Zwiebel vermehren oder – wenn man es nicht eilig hat – mittels Samen.

» AM LIEBSTEN SIND MIR DIE WEISSEN TRICHTERLILIEN, DENN DIESE DUFTEN BESONDERS GUT. «

säte sie die Lilien-Neuheiten aus, die dann nach etwa zwei Jahren mit ihren Blüten erfreuten. Das hat die Hobbygärtnerin jetzt etwas reduziert: „Wir haben so viele, dass ich sie nicht mehr unterbringe." Die Töpfe sind über den ganzen Garten verteilt. Verblühte landen hinterm Haus und warten dort auf ihren nächsten Auftritt. „Am liebsten sind mir die weißen Trichterlilien, denn diese duften besonders gut", sagt Romana Kramer. Weitere Lieblinge sind die Iris (Schwertlilien), die in den Farben Lila, Orange, Blau, Rosa und Gelb die Beete bevölkern. Trotz ihres Namens sind sie nur entfernt mit den Lilien verwandt.

Extravagant: Die Lilien setzen Akzente beim Schwimmteich.

Die Obstwiese wird fachkundig gepflegt, denn die Kramers beherrschen Schnitt und Veredelung. Die Zeit der Obstbaumblüte ist für die Insekten ein Fest, die Ernte im Herbst dann für die Familie.

Das Ehepaar teilt die Gartenleidenschaft. Nach dem Besuch eines Gartenpfleger-Aufbaukurses des Bezirksverbands Oberpfalz zum Thema „Veredelung von Obstgehölzen" ist ein Sortenzuwachs auf der Obstwiese zu verzeichnen. Die Veredelung mit Edelreisern klappte gut und wurde wiederholt. Unter den Bäumen gefällt es auch einer Schar Hühner. Gleich daneben schließt sich der große Bauerngarten mit Hanichelzaun an. Aufgrund eines Pilzbefalls musste die klassische Buchseinfassung der Beete schweren Herzens entfernt werden. Denn Spritzen kam hier nicht infrage. „Es hat aber auch Vorteile. Jetzt muss ich beim Gießen nicht mehr drübersteigen", meint Romana Kramer. Nachdem die Familie kleiner wurde und nur noch die jüngste Tochter zu Hause wohnt, ist auch Platz für Kartoffeln und für Experimente. 2020 wurden erstmals Artischocken angebaut. „Die sind wunderschön", schwärmt sie von den mehrjährigen, exotischen Zier- und Gemüsepflanzen. 2021 ist die Aussaat schon im Februar geplant, damit die Ernte im gleichen Jahr klappt. Aber vielleicht schaffen es die zwei Artischockenpflanzen ja über den Winter.

GARTENWISSEN

Obstbäume veredeln

Mittels Veredelung können verschiedene Sorten (oder eine neu gewünschte) an einem Obstbaum wachsen. Ältere Bäume kann man damit verjüngen.

Kurzanleitung: Von der gewünschten Sorte werden im Winter Edelreiser (circa 30 Zentimeter lange Jungtriebe) geschnitten und kühl aufbewahrt. Ende April wird an einem zurückgeschnittenen Ast (Unterlage) veredelt. Mit der Messerspitze die Rinde an der Veredelungsstelle etwa auf einer Länge von fünf Zentimetern einritzen und vorsichtig anheben. Am Edelreiser ein schönes Auge aussuchen, mit einem scharfen Messer auf der gegenüberliegenden Seite hinter dem Auge ansetzen und längs etwa drei Zentimeter schräg abschneiden (glatter Schnitt, der nicht mehr berührt werden darf). Das Reiser sofort unter die Rinde des Baumes schieben (Auge zeigt nach außen) und auf zwei bis drei Augen zurückschneiden. Reis und Rinde fest mit Bast oder Veredelungsband umwickeln und Schnittflächen mit Baumwachs bestreichen. Nun heißt es abzuwarten, ob alles gut zusammenwächst.

Glockenblumen sind Stauden, die keine nassen Füße mögen.

Romana Kramer probiert gerne Neues aus. Ihr Motto: „Pflanzen selber ziehen ist viel spannender, als diese im Laden zu kaufen." Gemüsegärtnerin ist sie zwölf Monate lang im Jahr. Während der Zuckerhut als typischer Wintersalat noch im Garten steht, hat sie in der Weihnachtswoche bereits den Salat für Ostern gesät. Dabei handelt es sich um Treib-Kopfsalat speziell für den geschützten Kaltanbau mit schweren, geschlossenen Köpfen. „Mitte Februar ziehen die Salatpflanzen vom Wintergarten ins Gewächshaus um. Mit zwei Lagen Vlies macht ihnen der Frost nichts aus", erklärt die gelernte Krankenschwester. Dort müssen sie aber bis Mitte April den Platz für die Tomaten freimachen. Denn mit dem Einpflanzen der Tomatenstöcke wartet sie nicht bis nach den Eisheiligen im Mai. „Die kurze Zeit überbrücken wir mit einem Frostwächter im Gewächshaus", so Romana Kramer. Ihr ist es wichtig, dass die Ernte schon ab etwa Mitte Juli klappt. Auch Kohlrabi, Zucchini und Steckzwiebeln („Riesenzwiebel") sät sie zeitig im Jahr in Schüsseln aus. „Die sind viel weniger anfällig gegenüber Krankheiten und Schädlingen als gekaufte Pflanzen", lautet ihre Erfahrung. Sie schätzt auch die damit verbundene größere Sortenauswahl. Auch Lauch und Stangenbohnen werden angebaut. „Wir mulchen die Gemüsebeete dünn mit angetrocknetem Rasenschnitt. Das hält die Feuchtigkeit im Boden und man muss nicht so viel gießen", erklärt die Hobbygärtnerin. Gedüngt wird meist mit Kompost. Schließlich gibt es sechs verzinkte Behälter, die all das aufnehmen, was an Grüngut und Strauchschnitt anfällt. Eine pfiffige Idee fällt vorm Zaun ins Auge: Querliegende Estrichmatten auf Pfosten dienen den Himbeeren als Rankgerüst. Mit Schnecken haben die Kramers kein Problem mehr, seit vor Jahren einige Laufenten in den alten Bauwagen einzogen. Sie halten seither ihr Revier schneckenfrei. Auch die Hasen dürfen ab und zu raus.

» WIR MULCHEN DIE GEMÜSEBEETE DÜNN MIT ANGETROCKNETEM RASENSCHNITT. DAS HÄLT DIE FEUCHTIGKEIT IM BODEN UND MAN MUSS NICHT SO VIEL GIESSEN. «

Rhododendren dürfen als prachtvolle Frühlingsblüher nicht fehlen.

Mama Laufente mit Nachwuchs: Die Schneckenjäger-Ausbildung startet.

Diese blühfreudige Ramblerrose schlingt sich um das Vogelhäuschen.

Die Küchenschelle ist eine genügsame Wildstaude im Steingarten.

Unterhalb der Terrasse gibt es nicht nur Blumenbeete, sondern auch einen Steingarten mit Rosenpavillon und eine Grillhütte. Seit zehn Jahren fließt ein Bach durchs abfallende Gelände, der, gespeist aus einer eigenen Quellfassung, plätschernd im Schwimmteich mündet. Hier fühlen sich nicht nur die Kramers wohl, sondern auch Seerosen, Hechtkraut und Quellmoos. Der Teich ist in drei Zonen gegliedert: Schwimmbecken, Filtergraben und Ufergraben. Zwei Rohre und eine Pumpe – der Schacht dafür befindet sich frostsicher nahe beim Haus – bringen das Wasser in den Kreislauf hinein. Das Ehepaar hat erst nach längeren Planungen mit dem Bau begonnen und alles selber gemacht: „Das macht viel mehr

Riesen-Steppenkerze *(Eremurus robustus)*

Staude mit Blütenständen, die bis zu zweieinhalb Meter in die Höhe ragen. Die traubenförmigen Blüten zeigen sich im Juni/Juli in Weiß-Rosa oder Apricot und sind als Bienenweide sehr beliebt. Die Steppenkerze benötigt wenig Pflege. Sie eignet sich für trockene, nährstoffreiche Standorte (ohne Staunässe) und ist damit perfekt fürs Prärie- oder Kiesbeet. Die Staude kann über viele Jahre hinweg an ihrem Platz bleiben. Kalte Winter übersteht die Riesen-Steppenkerze abgedeckt bis minus 18 Grad; das Laub zieht im Herbst ein. Die Vermehrung erfolgt über Wurzeln oder mit Samen.

Die Riesen-Steppenkerze (Eremurus robustus) setzt sich vor der Grillhütte in Szene.

Naturnah eingegrünt: Der Bach mit kleinem Wasserfall.

Der scheue Eisvogel ist ein seltener Gast am Gartenteich.

Spaß und ist kreativer, als es sich fertig hinstellen zu lassen!" Nachdem die Grube ausgebaggert war, wurden Vlies, Plastikfolie, Verbundmatte und schließlich Beton aufgebracht. Kein aufwendiges Filtersystem hält das Wasser sauber, sondern ein Graben mit speziellen Pflanzen. Hier wurde „schlechte" Erde auf den Beton aufgebracht, während im Uferbereich eine etwas nährstoffreichere Schicht liegt. Nachdem sich die Pflanzen gut entwickelt haben, muss immer wieder auch was raus. Die Menge Totholz als Unterschlupf und auch die natürlichen Wasserflächen werden von den Insekten geschätzt. Übrigens: Ein Eisvogel hat den Teich entdeckt und kommt hin und wieder vorbei. Doch meistens ist dem scheuen Tier hier zu viel los. Denn neben dem Frühstück und Mittagessen im Freien wird abends gerne noch der Grill angeheizt. „Bei uns spielt sich vieles im Garten ab", sagt Romana Kramer. Sie gehört eben zu den Menschen, die bereits beim Garteln entspannen.

DER GARTEN VON MARIA UND ALFRED VOGL

Standort: Seubersdorf-Schnufenhofen (Landkreis Neumarkt)

Grundstück: 900 qm

Beschreibung: Der naturnahe und wohnlich eingerichtete Garten ist in unterschiedliche Räume gegliedert. So wächst die Hainbuchenhecke nicht am Grundstücksrand, sondern mittendrin. Alte landwirtschaftliche Geräte sind als Kunstobjekte zwischen den Pflanzenkombinationen platziert. Ein kleiner Nutzgarten und ein gepachteter Gemüseacker dienen der Familie zur Selbstversorgung.

HERBSTGARTEN IM HYGGE-STIL

Dieser Garten wirkt gleich auf den ersten Blick unkompliziert, gemütlich und fröhlich – einfach hyggelig. Was andere Leute wegwerfen, wird hier im Staudenbeet ganz unspektakulär zum Kunstobjekt. Der Rosenpavillon lädt nicht nur Prinzessinnen zum Träumen ein. Aber Vorsicht: Es kann leicht sein, dass eine Weinbergschnecke mit einem weiß-blauen Rautenmuster oder einem Haus mit roten Herzen vorbeikriecht. Doch keine Sorge, man ist nicht besoffen vor lauter Gartenglück: Es war die Gärtnerin, die ihre kreative Ader mit Farbe auslebte.

Es ist das letzte Haus am Ortsrand. An der Einfahrt steht eine Goldakazie, der Baum des Jahres 2020. Dahinter muss sich die Winterlinde, der 25 Jahre alte Hausbaum, behaupten. Der Garten liegt an der Straße. Doch wer jetzt meint, mit einem Blick über den niedrigen Zaun schon alles gesehen zu haben, der täuscht sich gewaltig. Denn vieles entdeckt man erst beim Gartenspaziergang. Richtig gelesen! Auch wenn es nur 900 Quadratmeter sind, ähnelt die Anlage einem kleinen, kuscheligen Park. Maria und Alfred Vogl haben für diesen Eindruck mehrere Gartenzimmer geschaffen, die zum Innehalten einladen. „Ein Garten wirkt erst größer durch mehrere Räume", sagt die Hobbygärtnerin. Ein weiterer Vorteil: Es ergeben sich mehr Möglichkeiten für windgeschützte Sitzplätze, „mal will man gesehen werden, mal nicht".

» EIN GARTEN WIRKT ERST GRÖSSER DURCH MEHRERE RÄUME. «

AMERIKANISCHE PFEIFENWINDE

Die Pfeifenwinde ist ein anpassungsfähiger und hochwindender Schlingstrauch (bis zu zehn Meter). Am bekanntesten: „Aristolochia macrophylla". Pfeifenwinden brauchen **senkrechte Kletterhilfen**, um in die Höhe zu kommen und **waagerechte Rankhilfen**, um sich dort oben auch zu halten. Bei den Jungpflanzen die frischen Triebe in die Höhe richten und gelegentlich entspitzen, um die Verzweigung zu fördern. Pfeifenwinden sind schnittverträglich; man kann sie bei der gewünschten Höhe kappen. Am besten gleich nach dem Austrieb Mitte Mai. Die pfeifenartig gebogenen Blüten erscheinen von Juni bis August. Die großen, herzförmigen Blätter (bis zu 30 Zentimeter) liegen dicht übereinander und bilden bis zum Spätherbst einen dichten Vorhang im satten Grün. Ohne Laub bleibt die Pfeifenwinde auch den Winter über attraktiv.

Das Wohnhaus hat das Ehepaar vor 25 Jahren gebaut und dann nach und nach das Grundstück in Beschlag genommen. „Mein Mann ist handwerklich sehr begabt", freut sich Maria Vogl über die tatkräftige Unterstützung. Eine niedrige, geschwungene Buchshecke markiert den Vorgarten. Auf der überdachten Terrasse hält die Amerikanische Pfeifenwinde (Aristolochia macrophylla) mit ihren großen, herzförmigen Blättern Hofstaat. Die Kletterpflanze schuf eine blickdichte grüne Wand, die von allen Seiten schön aussieht. Dekorativ sind auch die Wege durch den Garten, denn als Material wurden viele unterschiedliche und teils gebrauchte Pflastersteine und Ziegel verwendet. Damit sind auch niedrige Mäuerchen und hohe Säulen entstanden. Feldsteine sind zu Trocken-

mauern und einer Kräuterspirale aufgeschichtet. „Die Steine speichern Wärme, was die Kräuter mit mehr Aroma danken“, erklärt die leidenschaftliche Köchin. Für sie ist der Garten auch Duft und Genuss. Perlagonien in Töpfen setzen Farbkleckse. Gräser und Stauden beleben mit unterschiedlichen Blattstrukturen. „Ich nehme alles nicht so genau und lasse der Natur freie Hand“, betont Maria Vogl beim Blick in die Beete. Doch die gärtnerische Ordnung ist deutlich zu sehen. Das spürt auch die etwa 15 Jahre alte Trauerbirke (Betula pendula Youngii). Damit die schirmartige Krone in Form bleibt, wird diese alle zwei Jahre kräftig zurückgeschnitten.

Maria Vogl lebt ihre kreative Ader im Garten aus. Sie platziert teils sehr kuriose ausrangierte Gerätschaften, die sich in natura oder bunt bemalt wunderbar einfügen. Einige Beispiele: Ein eiserner Traktorsitz dient als Pflanzgefäß für Hauswurze. Ein landwirtschaftlicher Düngerstreuer leistet als Hochbeet für die Erdbeeren gute Dienste. Auf einem alten Holzofen steht bepflanztes Emaillegeschirr. Am Hausgiebel lehnt ein Spiralrad eines Heuwenders und verdeckt die Dachrinne. Auf der Terrasse stehen mit Acrylfarbe bemalte Holzstühle, die eine fröhliche Leichtigkeit versprühen. „Ich bin immer auf der Suche nach Dingen, egal ob im Sperrmüll, beim Alteisenhändler oder in der Flur beim Spazierengehen“, erklärt Maria Vogl. Auch die dekorativen Eisenzaunelemente, die ein Viereck um ein Staudenbeet bilden, hat sie vorm Verschrotten gerettet.

Durch den Heckenbogen der Hainbuche geht es zum gemauerten Bassin mit Wasserspiel und Büste. Hier ist man ganz für und bei sich. An lauen Sommerabenden verströmen bunte Strahler eine Parkatmosphäre. Ein schöner Platz, um mit der Familie oder Freunden das Leben draußen zu genießen. Nostalgie pur verströmt in dieser Sichtachse der Gartenpavillon. Hier residiert die 'Unschuld', eine öfter blühende weiße Rankrose. Sie erreicht eine Höhe von bis zu 3,50 Metern und wird zwischen Rambler- und Kletterrose angesiedelt. Maria Vogl mag den kräftigen Duft der kleinen, dicht gefüllten Blüten. Und sie schätzt es, dass die Rose „absolut winterfest ist“. Ein

weiterer Liebling unter den Rosen ist die Sorte 'Burghausen', eine Strauchrose mit hellroten, halb gefüllten, leicht duftenden Blüten. Diese eignet sich sowohl als Solitärpflanze als auch als Hecke, und kann gut am Spalier gezogen werden. Ebenso wie die 'Unschuld' ist sie sehr robust, hitzeverträglich und regenfest. Im Vorgarten stehen einige „rosige Pflanzenkinder" in Töpfen. Denn die Hobbygärtnerin zieht sich gerne Rosen selber heran und macht Mut, es auszuprobieren: „Jede Rose ist einen Versuch wert, sie durch Stecklinge zu vermehren."

Die Familie Vogl wohnt im Gebiet des Oberpfälzer Jura (Kalkgestein).

GARTENWISSEN

Rosen vermehren

Mit Stecklingen vermehren gilt als die einfachste und schnellste Methode. Der beste Zeitpunkt liegt zwischen Ende Juni und Anfang August, wenn die einjährigen Triebe schon gut verholzt sind. Als Steckling eignet sich ein abgeblühter Trieb, welchen man mit ungefähr fünf Augen abschneidet. Alle Blätter – bis auf das oberste Blattpaar – werden nah am Stiel entfernt. Den Trieb bis zum Blattansatz in einen Topf (Gartenerde mit Sand gemischt) stecken, andrücken und wässern. Am besten an einen halbschattigen Platz im Garten stellen. Die erste Zeit einen Treibhauseffekt mit einem umgestülpten Glas erzeugen (lüften!). Es zeigt sich bald, ob der Trieb angewachsen ist. Nach etwa zwei Jahren haben sich ausreichend Wurzeln gebildet und die Rose kann verpflanzt werden.

» JEDE ROSE IST EINEN VERSUCH WERT, SIE DURCH STECKLINGE ZU VERMEHREN. «

Beim Spazierengehen werden gern schneckenförmige Fossilien (Ammoniten) aufgelesen und im Garten drapiert. Unter dem Motto „Leben und leben lassen" dürfen aber auch die Weinbergschnecken bleiben. „Die sind nicht so gefräßig wie ihre Verwandten, die Nacktschnecken", sagt die Hausherrin. Sie freut sich, wenn sie einen „Schleimer" mit bayerischer Raute auf seinem Kalk-Schneckenhaus entdeckt. Denn dann weiß sie, dass es den Tieren gut geht, denen sie vor drei Jahren ihre Wohnung bemalt hat. Auf der Obstwiese vorm Kompostplatz dürfen auch die Mastgockel frei herumlaufen. „Mir ist es wichtig, was auf den Tisch kommt", sagt Maria Vogl. Dazu gehört auch artgerecht gewachsenes Fleisch. Und so schlachten die Vogls jedes Jahr ein Strohschwein, welches sie von einem Bauernhof in der Nähe beziehen. Für die Selbstversorgung mit Gemüse ist der Nutzgarten zu klein. Deshalb wurde ein Acker am Waldrand gepachtet, der jedes Jahr vor allem mit Kartoffeln, Zwiebeln, Möhren und Kraut bewirtschaftet wird. „Meine Krautpflanzerl beziehe ich immer beim Gärtner. Für den rohen Krautsalat nehme ich das zartere Spitzkraut und für das Krautfassl das normale Frühkraut", erklärt die Hobbygärtnerin. „Wer das Spätkraut pflanzt, kann dann halt erst im Oktober ernten", ergänzt sie. Die Anleitung für die Herstellung von Sauerkraut gibt es auf der Rezeptseite (116/117). Im Keller landen rund zwölf Zentner Kartoffeln. Die Vogls bauen vier Sorten an: Linda, Nicola,

Sieglinde und die roten Laura. „Da sind sowohl mehlige als auch festkochende dabei", erklärt Maria Vogl und ergänzt: „Aber die Kocheigenschaft ist für uns sowieso nicht so ausschlaggebend. Wichtig ist ein köstlicher Geschmack und eine gute Lagereigenschaft."
Beim Abschied unter der Winterlinde fällt der Blick auf den historischen Kartoffelroder, dessen Schleuder fast vollständig von einer rosa blühenden Strauchrose durchwuchert ist. Wer Maria Vogl kennt, der weiß, dass dies nicht das letzte Relikt aus vergangenen Zeiten sein wird, welches hier stilvoll altern darf. Schließlich trägt die Einrichtung der Gartenzimmer wesentlich dazu bei, dass diese Romantik, Harmonie und Geborgenheit ausstrahlen. „Hygge" lautet dafür das neue Modewort.

REZEPTE

mit frischen Zutaten aus dem Garten

Eva Weikl

Tomaten-Sugo

Für die fruchtige Tomatensoße verschiedene Tomaten klein schneiden. Größere Früchte vorher häuten (mit kochendem Wasser übergießen und eine Zeitlang darin baden lassen, dann kann man mühelos die Haut abziehen) und eventuell bei sehr saftigen Sorten die Kerne entfernen.
In Olivenöl zwei Knoblauchzehen und einen guten Esslöffel Tomatenmark anschwitzen lassen, dann das Fruchtfleisch einrühren, salzen – und wer es scharf mag, eine Chilischote dazugeben.
So lange einkochen lassen, bis eine sämige Sauce entsteht. Etwas abkühlen lassen und einen Esslöffel Honig unterrühren. Ich mache immer gleich eine größere Menge und fülle die Sauce heiß in Gläser ab.

Maria Vogl

Sauerkraut selber machen

Die Weißkrautköpfe werden zunächst sauber geputzt. Dann mit einem Krauthobel fein geschnitten, je feiner, desto besser.
In einem Gärtopf (der bestenfalls aus Ton besteht) verteilt man zuerst einige Krautblätter auf dem Boden und streut einen Esslöffel Zucker darüber. Dann gibt man das gehobelte Kraut portionsweise mit etwas Salz dazu und stampft es ein, so lange, bis es anfängt zu saften. Außerdem gibt man noch nach Belieben einige Wacholderbeeren dazu. Auf diese Weise wird das ganze Kraut verarbeitet.

Das Kraut muss fest eingedrückt werden. Anschließend mit einigen Krautblättern ab-decken und mit Steinen beschweren. Dabei darauf achten, dass der Saft die Steine bedeckt. Man benötigt für fünf bis sechs Krautköpfe etwa 125 Gramm Salz.
Die Gärzeit beträgt zwei bis drei Wochen. Das fertige Sauerkraut kann im Gärtopf verbleiben. Dieser muss aber nach einer Entnahme stets wieder verschlossen werden. Wer diese Möglichkeit nicht hat, kann das Kraut auch portionsweise einfrieren.
Übrigens: Sauerkraut ist ein idealer Vitamin-C-Lieferant in der kalten Jahreszeit. Es ist ein Haus- und Heilmittel gegen verschiedene Krankheiten, äußerst bekömmlich und hat wenig Kalorien.

Edeltraud Völkl

Beeren-Essig

600 ml Balsamico-Essig
500 g Beeren (rote Johannisbeeren oder Aroniabeeren)
300 g Zucker
1 Vanilleschote

Essig und Zucker erwärmen, bis sich der Zucker auflöst. Beeren und Vanilleschote dazugeben und eine Viertelstunde köcheln lassen, damit die Beeren platzen und Farbe abgeben. Die Schote rausnehmen und den Saft durch ein Tuch filtern. Noch heiß in Flaschen füllen.
Johannisbeer-Essig ist dunkelrot und sehr aromatisch. Aronia-Essig ist fast schwarz und aufgrund der Bitterstoffe etwas herber.

Diana Thomiczny

Garten-Focaccia

550 g Mehl
350 ml Wasser
20 g Frischhefe
½ TL Zucker
3 Prisen Salz
4 EL Olivenöl

Für den Belag Gemüse nach Belieben, wie
Frühlingszwiebeln
(bunter) Mangold
Kirschtomaten
Rote Zwiebeln
Zucchini
Karotte
Wenn man möchte:
Oliven, Kürbiskerne, Feta, frischer Thymian

Für den Hefeteig schüttet man das Mehl vorsichtig in eine Schüssel und drückt eine Vertiefung hinein. Dann gibt man die Hefe mit etwas Zucker in die Vertiefung und rührt sie mit etwas Wasser zu einem Vorteig, den man ein paar Minuten stehen lässt, bis er Blasen wirft.
Anschließend verrührt man den Vorteig mit dem gesamten Mehl, dem Wasser und dem Öl zu einem geschmeidigen Teig. Je länger man knetet, umso besser wird der Teig – mindestens zehn Minuten!
Der Teig darf nun circa eine Stunde gehen, dann wird er auf ein geöltes Backblech gekippt und mit den Fingern vorsichtig zu einem Rechteck gedrückt und großzügig mit Olivenöl bestrichen.

Beim Belegen der Focaccia sind der Kreativität keine Grenzen gesetzt. Aus roten Zwiebelscheiben, Frühlingszwiebeln und Kürbiskernen oder Olivenringen entstehen zum Beispiel fantasievolle Blumen. Die fertige Focaccia sollte nun noch eine halbe Stunde ruhen. Danach wird sie bei 180 Grad Umluft oder 200 Grad Ober- und Unterhitze im vorgeheizten Ofen etwa 25 Minuten gebacken – eventuell sollte man sie die letzten Minuten abdecken, damit das Gemüse nicht verbrennt.

Kunstwerk auf dem Teller: Die Focaccia wirkt wie ein bunter Blumengarten. Beim Belegen des Fladenbrots sind der Kreativität keine Grenzen gesetzt.

DER GARTEN VON RENATE UND HUBERT STEGER

Standort: Gunzendorf/Auerbach (Landkreis Amberg-Sulzbach)

Grundstück: 4000 qm

Beschreibung: Bäume und Natursteinstelen säumen das Tor in den Garten mit extremer Hanglage. Verschlungene Wege öffnen immer wieder neue Zimmer, welche durch Mauern abgefangen werden. Viele Sitzplätze laden zum Innehalten ein. Es gibt eine Obstbaumhecke und einen Experimentier-Nutzgarten. Frisches Brot liefert der Holzbackofen unter der Pergola.

FAIBLE FÜRS FARBENSPIEL

„Mein Mann ist ein Allrounder", sagt Renate Steger mit Blick auf die vielen handwerklichen Extras im weitläufigen Hanggrundstück. Egal ob Holz oder Stein – die ambitionierte Hobbygärtnerin kann ihre Pflanzen-WGs auf vielen Bühnen präsentieren. Zum Ende des Sommers leert sich das Kartoffel-Heubeet und die Reste der Naschecke landen getrocknet im Müsli.

„Vorsicht. Wilde Gärtnerin." Das Schild am Eingang zum Garten der Familie Steger lässt schmunzeln. Renate und Hubert Steger wohnen seit 1991 im ehemaligen landwirtschaftlichen Anwesen, direkt angrenzend zur Dorfkirche. Im Jahr 2013 wurde das Grundstück mit extremer Hanglage neu angelegt und mit Mauern terrassiert. Mit viel Gespür für die Bedürfnisse der Pflanzenfamilien entstanden zahlreiche Gartenzimmer. Der Kirchturm im Hintergrund vermittelt gleichzeitig ein Gefühl von Weite und Geborgenheit. „Wir pflanzten einige Bäume, um Schatten zu haben", erklärt Renate Steger beim Rundgang und zeigt auf den essbaren Zierapfelbaum „Everest", der sich langsam zum Großstrauch entwickelt. Hausbaum ist jedoch der markante Tulpenbaum. Im Frühling trägt er große gelbe Blüten und zum Saisonende verabschiedet er sich mit einer kräftig goldgelben Blattfärbung. Hingucker im herbstlichen Garten sind auch die roten Früchte der zwei Apfeldornbäume (Crataegus lavallei Carrierei). „Sie ähneln ein wenig der Hagebutte und bleiben teilweise bis zum Februar hängen. Das freut auch die Vögel", berichtet die Hobbygärtnerin. Das Laub lässt sie als Winterschutz und Dünger in den Beeten liegen. Rasenfläche gibt es ja eh nur wenig zu pflegen.

Außerhalb der Baumkrone haben die Stauden genügend Licht und Luft. Sonnig mögen es beispielsweise die sehr dekorativen Herbstanemonen, denn im Halbschatten bilden sie weniger Blüten aus. Die Mondviole (Silberblatt) hat einen geschützten Platz gefunden und vor den Mauern kommen Sonnenhut und Eisenkraut gut zur Geltung. Auch Bartnelke, Akelei und Stockrosen lieben es, durch Selbstaussaat weiterzuwandern. Die unterschiedlichen Pflastersteine („wir haben viele gebrauchte Steine geschenkt bekommen") halten den Blick ebenso am Boden wie die vielen Blütenköpfchen.

Tulpenbaum (Liriodendron tulipifera)

Der Tulpenbaum stammt aus der Familie der Magnoliengewächse und hat eine enorme Wuchsleistung. In seiner kleineren Zuchtform ist er aber ein beliebter Hofbaum. Die tulpenartige, gelborange Blüte ist sehr nektarreich und zieht im Frühling nicht nur den Blick, sondern die Bienen magisch an. Nach der Bestäubung entwickelt der Baum lange, zapfenartige Früchte. Der Tulpenbaum ist an seinen fast rechteckigen Blättern mit gestutzter Spitze leicht zu erkennen. Im Herbst leuchtet das Laub goldgelb. Die Krone wächst pyramidenartig. Alle Teile sind leicht giftig.

Das Faible der Gärtnerin für Funkien, Buchs und Rosen ist unübersehbar. Rambler- und Kletterrosen ranken sich an Gerüsten und an der Pergola empor. Am Freisitz mischt sich eine Berg-Waldrebe (Clematis montana) darunter, die ein paar Wochen lang mit einer Wucht an kleinen weißen Blüten überzeugt. Der Pavillon ist stückweise mit bunten Mosaiksteinen bedeckt, die an Hundertwasser erinnern. Diese zieren auch die Wand um den Backofen. Hier wird circa alle sechs Wochen Brot gebacken. Ein zweiter Ofen steht wenige Meter weiter im Freien.

Vorbei an weiteren Sitzplätzen geht es den Hang hinauf zu den Weinstöcken, die an einer sonnenverwöhnten Mauer gut geschnitten ihre Traubenzöpfe zeigen. Hier gefällt es auch einigen Steingartengewächsen sowie Thymian & Co. im Kräuterbeet. Der Naschgarten liegt ein Stockwerk tiefer und hat viel zu bieten. Was nicht frisch verzehrt wird, kommt bei 50 bis 65 Grad Celsius in den Dörrapparat. Überwiegend sind das Aroniabeeren, Äpfel, Birnen, Zwetschgen, Weinbeeren und Pfirsiche. „Das reicht uns den ganzen Winter fürs Müsli“, sagt Renate Steger. „Da ist nix geschwefelt und alles ohne Chemie.“

Zwischen den Erdbeeren dürfen sich als gute Nachbarn die Ringelblumen ausbreiten, die sich hier regelmäßig aussäen. Der Pfeil am Schild „Obstler-Runde“ weist den Weg hinunter zum Obstbaumspalier. Hier kann vom Spätsommer bis zum Spätherbst geerntet werden, was durch die verschiedenen Apfelsorten (Julia, Pinova, Baya Marisa, Mela, Rubinola und roter Herbstapfel) möglich ist.

GARTENWISSEN

Samenfestes Saatgut gewinnen
Saatgut aus dem eigenen Garten ist ein spannendes Experiment. Dabei geht es nicht nur um Geschmack und Farbe, sondern auch darum, die passenden Pflanzen für die vorhandenen Boden- und Klimaverhältnisse zu finden. Mit der Verwendung von samenfestem Saatgut können alte Sorten bewahrt werden. Man wählt im Beet eine gekaufte, samenfeste Gemüsepflanze (keine F1-Hybride!) aus, die besonders gut gewachsen ist oder die der Familie sehr gut geschmeckt hat. Diese lässt man solange stehen, bis die Blüten oder Früchte ganz ausgereift sind. Das trockene Saatgut zum Aufbewahren in Tütchen oder Schraubgläser füllen und kühl, trocken und dunkel lagern. Die Samen sind etwa zwei bis drei Jahre keimfähig.
Tipps: Bei Bohnen die Hülsen im Haus zum Trocknen aufhängen oder in eine Schachtel geben. Bei Tomaten die Samen aus dem Fruchtfleisch spülen, in einem Sieb gründlich waschen und danach in lauwarmem Wasser an einem warmen Ort circa zwei Tage stehen lassen, auf einem Küchenpapier ausbreiten und trocknen lassen.

» ICH VERWENDE NUR SAMENFESTES SAATGUT. «

nur samenfestes Saatgut weiter." Dieses hat sie von Gartenfreunden bekommen oder bei ökologischen Züchtern bestellt. Neu sind ein paar alte Sorten von Stangenbohnen, die „hervorragend schmecken". Einige lila Schoten hat sie davon zum Ausreifen hängen lassen. Renate Steger freut sich schon aufs Garteln im Frühjahr, denn Gatte Hubert hat ein neues Anzuchthaus mit großen Glasscheiben an den Giebel des Stadels angedockt. Bereits im Herbst dürfen hier die Paprikastöcke einziehen.

Mit einem umfassenden Bodenaustausch und reichlich Kompost im Ziergarten, zwang das Ehepaar den Auerbacher Sandboden in die Knie. Im Gemüsegarten wird mit Rasenschnitt und Heu gemulcht, damit das kostbare Nass nicht gleich abtrocknet. „Es regnet sehr wenig bei uns", betont die Hobbygärtnerin, der die Pflanzengesundheit am Herzen liegt.

Einige Schoten der Stangenbohnen bleiben zur Samengewinnung solange hängen, bis sie ausreifen.

Wir kommen zum Gemüsegarten. Die Hausherrin setzt auf Selbstversorgung und probiert gerne Neues aus. 2020 pflanzte sie etwas Grünspargel in eine ausgediente Wassertonne. „Es hat für drei Mahlzeiten gereicht", meint sie lachend. Länger hat die Familie etwas von den Cocktailtomaten, die gedörrt in Öl eingelegt werden. Die größeren Sorten kocht Renate Steger zur Soße ein. „Die so verarbeiteten Tomaten sind für uns bis zur nächsten Ernte ein Gaumengenuss, den man nicht kaufen kann." Die leidenschaftliche Gemüsegärtnerin hat im Laufe der Zeit 22 „lieb gewordene" Tomatensorten weiter gezogen. Hybrid-Saatgut ist in diesem Garten nicht zu finden, denn der Besitzerin sind der Erhalt alter Sorten und die Sortenvielfalt wichtig: „Ich verwende und ziehe

Brotduft zieht durch den Garten: Etwa alle sechs Wochen wird der Backofen unter der Pergola angeheizt.

Das neue Anzuchthaus am ehemaligen Stallgebäude hat Hubert Steger selber gezimmert. Auf gleicher Höhe schließt sich der Gemüsegarten an.

Jede Zaunlatte der „grauen Männer" steht für einen Charakterzug.

» AUS DEM ACKERSCHACHTELHALM KOCHE ICH EINEN TEE. DIESEN VERDÜNNE ICH ETWA IM VERHÄLTNIS VON 1:10 MIT WASSER UND VERABREICHE IHN DANN DEN TOMATENPFLANZEN ZUR STÄRKUNG. «

GARTENWISSEN

Brennnesseljauche
Viele Hobbygärtner schwören auf die Brennnesseljauche und düngen damit regelmäßig ihre Pflanzen. Ihre Erfahrung: Die Jauche stärkt die Pflanzen, lässt sie besser wachsen und macht sie damit resistenter gegen Krankheiten.

Ansetzen der Jauche: Auf zehn Liter Regenwasser nimmt man etwa ein Kilogramm frisch geschnittene Brennnesseln. Regelmäßig umrühren. Wenn sich keine Bläschen mehr bilden und sich die Flüssigkeit dunkel verfärbt hat, ist der Naturdünger fertig. Zur Anwendung muss die Brennnesseljauche allerdings mit Wasser verdünnt werden. Im Verhältnis 1:20 gießt man empfindliche Pflanzen (wie Setzlinge), ansonsten für den Wurzelbereich in der Mischung 1:10.

Sie hat gute Erfahrungen mit der Bio-Düngung gemacht und schwört auf Jauchepflanzen wie Acker-Schachtelhalm, Beinwell, Brennnessel und Wermut. Die angesetzte Jauche enthält Kieselsäure und gilt als Stärkungsmittel zur Abwehr von Pilzkrankheiten. Ihr Tipp: „Aus dem Ackerschachtelhalm koche ich einen Tee. Diesen verdünne ich etwa im Verhältnis von 1:10 mit Wasser und verabreiche ihn dann den Tomatenpflanzen zur Stärkung."

Auf der Streuobstwiese ist Platz für weitere Obstbäume (Hochstamm). Die Apfelsorten sind Edelborsdorfer, Prinz-Albrecht-von-Preussen, Topaz und Rebella. Birnbäume gibt es in den Sorten Conference, Vereinsdechant und die Köstliche von Charneux (eine über 200 Jahre alte Sorte). Den Obstgarten mäht Hubert Steger mit der Sense nur maximal zwei Mal im Jahr und damit „ohne Lärm und ohne Benzin". Das Heu wird im Garten unter anderem für das Kartoffel-Heubeet verwendet. „Außer der lästigen Ackerwinde verlässt nichts unseren Garten", erklärt Renate Steger, „denn alles ist wertvolles Grün für unseren Kompost und düngendes Mulchmaterial." Unter einer schattenspendenden Baumkrone sind drei Kompostkästen angeordnet, die nach und nach befüllt werden. „Die ökologische Biodiversität liegt uns am Herzen", bekräftigt die Gunzendorferin.

Mit dem Drei-Kammer-System (zum Umschichten) wird aus den Gartenabfällen bester Kompost.

Renate Steger freut sich im Herbst über die zartrosa Blütenbälle der Hortensie und die leuchtend gelben Blätter des Tulpenbaums.

Unten am Berg angekommen, geht es wieder zur Straße. Sichtschutz bietet ein Brombeer-Spalier („Powerfrucht ist alles, was dunkel ist"), und gegenüber hält sich die Mini-Kiwi 'Weiki' am Mauerspalier fest. Ende Oktober hängen noch ein paar Früchte zum Naschen dran. Der Bambus-Busch ist dekorativ und praktisch: Hier schneidet Renate Steger die Tomaten-Stecken heraus. Auch ein großer Holunderstrauch fehlt nicht im naturnahen Oberpfälzer Garten. Eine Hainbuchenhecke halt als grüne Wand den Wind am unteren Hang ab. Diese wurde vor sieben Jahren selber herangezogen. „Im Herbst von der Mutterpflanze Stecken schneiden, mit der Blattknospe nach oben in die Erde stecken und mit einem Stab gerade halten", erklärt Renate Steger im Vorbeigehen. Sie zieht die Hecke ein paar Jahre lang in Töpfen heran. „Manche setzen sie auch gleich in den Boden, allerdings sind dann größere Ausfälle möglich." Wir sind vorne beim Haus angekommen. Hier wacht bis zum ersten Frost die Nostalgie-Rose 'Leonardo da Vinci' mit ihren rosa Blütenbällen. Der Blick fällt noch auf das dekorative Holzsprossen-Spalier am ehemaligen Stall und auf einen besonderen Zaun mit „grauen Männern". Hobbyschreiner Hubert Steger will damit zum Nachdenken anregen.

GARTENWISSEN

Kartoffel-Heubeet

Kartoffeln anbauen, ohne zu graben. So geht's: Das Ehepaar Steger hat dazu zunächst Kartonagen flach auf dem frisch gemähten Rasen ausgelegt und Heu (etwa 15 Zentimeter) aufgebracht. Darauf legten sie die Saatkartoffeln („Rote Laura") im Abstand von etwa 40 mal 40 Zentimeter. Auf die Knollenreihe wurde dann Kompost (etwa 10 Zentimeter) gegeben und dann das Beet mit Heu (40 bis 50 Zentimeter) bedeckt. Anschließend war kräftiges Gießen angesagt, damit die Heuschicht in sich zusammensackt. Ein paar Wochen lang dann das immer gleiche Spiel: Wenn Kartoffeltriebe zu sehen waren, wurden sie mit einer neuen Mulchschicht (Heu oder Rasenschnitt) bedeckt und gegossen. Die Stegers freuten sich über eine ertragreiche Ernte. Dazu musste die Mulchschicht nur wie ein Teppich beiseitegeräumt und die auf dem Boden liegenden Knollen aufgesammelt werden.

DER GARTEN VON EVA UND FRITZ WEIKL

Standort: Marienhöhe/Sinzing (Landkreis Regensburg)

Grundstück: 12.000 qm (Familien Fritz und Heiner Weikl)

Beschreibung: Der weitläufige Garten wird von drei Familien betreut. Ein reichhaltiges Angebot an Obst, Gemüse und Salaten trägt zur Selbstversorgung bei. Totholz und naturbelassene Bereiche bieten heimischen Pflanzen und Tieren hochwertigen Lebensraum. Großzügig angelegte Blumen- und Staudenrabatten säumen den Weg zum Haus.

GRÜNES GLÜCK MIT TOTHOLZ UND TOMATEN

Ein weißes Margeritenfeld fürs Auge und Tomatenbälle in allen Farben für den Gaumen. Bei 120 Stauden ist die Auswahl nicht einfach. Schon gar nicht, wenn Sorten wie 'Schwarzer Prinz' oder 'Green Zebra' genussreif sind. Das Motto von Eva und Fritz Weikl lautet „Mit der Natur gärtnern, damit weniger Arbeit anfällt". Und so gibt es etliche Biotope, die auch Ringelnattern und Blindschleichen zum Bleiben verführen.

Der große Garten auf der Marienhöhe ist ein kleines Naherholungsgebiet. Die Brüder Fritz und Heiner Weikl leben hier mit ihren Familien. Der hintere Garten ist das Reich von Fritz und Eva Weikl. Es handelt sich zwar zu großen Teilen um ein naturbelassenes Grundstück, doch trotzdem gibt es immer etwas zu tun. Zahlreiche Obstbäume, die im Sommer mit ihrem Schatten erfreuen, warten im Herbst aufs Abernten und

» ARBEITSTEILUNG IST UNSER SCHLÜSSEL ZUM ERFOLG. «

im Spätwinter auf den Schnitt. Die Staudenrabatten zeigen sich zwar relativ pflegeleicht , müssen aber auch jährlich zurückgeschnitten, mit Kompost gedüngt und hin und wieder versetzt werden. „Wenn es nicht zusammenpasst, kommt es woanders hin, bis es passt“, sagt Eva Weikl. Jedes Jahr im Herbst setzt Fritz Weikl neue Tulpenzwiebeln nach. Auch wenn das Grundstück riesig ist, sucht er trotzdem nach passenden Plätzen. Schließlich sollen im Frühjahr die Farbkleckse auf dem Weg von der Garage zum Haus zu sehen sein. Ab April blüht es im Weikl-Garten in allen Farben. Denn zu den Zwiebelpflanzen im Beet kommen die frühen Blühsträucher und die Obstbaumblüte. Spätestens wenn der Esskastanienbaum dann im Juni/Juli an der Reihe ist, weiß der Imker in der Nachbarschaft, wo sich seine Bienen herumtreiben.

Steinhaufen bieten Lebensraum für Insekten und wärmeliebende Kleintiere.

Diese Baumpilze hängen wie Teller am Stamm.

Schon lange bevor sich die Politik der Artenvielfalt annahm, lebte dieser Garten von seiner einladenden Wildnis und einem immensen Nahrungsangebot für Insekten und Kleintiere. Diese finden Unterschlupf im Totholz, welches an vielen Stellen bleiben darf. Wenn Fritz Weikl einen alten Baum fällen muss, lässt er den Stamm in einer Höhe von drei bis vier Metern stehen, so dass sich die Spechte darin eine Nisthöhle bauen können. „Das wird gut angenommen“, freut er sich über die Grün- und Buntspechte am Grundstück. Im naturbelassenen Garten finden viele weitere Vogelarten Nahrung und Wohnung. Biotope mit Steinhaufen und Wasserstellen sind auch für Ringelnattern und Blindschleichen ein kleines Paradies. Im schattigeren Teil der Obstwiese wachsen Farne und Waldhortensien. Auch Brennnesseln sind hier gerne gesehen, da diese für einige Schmetterlingsarten (wie Admiral, Kleiner Fuchs und Tagpfauenauge) wichtig fürs Überleben sind.

Heiner Weikl war früher Gärtner an der Universität Regensburg. Jetzt genießt er den Ruhestand und freut sich über seine wuchsstarken Stauden im eigenen Vorgarten.

Drei Tomaten-Lieblinge von Eva Weikl:

'Schwarzer Prinz' (Tschernij Prinz) ist eine dunkel-rotbraune Fleischtomate, die aus dem Süden Sibiriens stammt. Die große Tomate ist saftig, reift relativ früh aus und überzeugt geschmacklich absolut. Die Tomatenstöcke werden meist nicht höher als 1,60 Meter. Sie wachsen aber schnell in die Breite, da sie viele Seitentriebe bilden.

'Himmelsstürmer' sind rote Salattomaten. Die länglichen, mittelgroßen Früchte sind aromatisch und auch sehr platzfest. Die Pflanze gehört, wie der Name schon sagt, zu den Riesen unter den Tomatensorten. Bei guten Standortbedingungen können sie mit einer Rankhilfe einige Meter hoch werden. **Tipp:** Die schlank wachsende Pflanze zweitriebig kultivieren.

'Gold Ball' ist eine schön und kräftig wachsende Stabtomate. Die runden, goldgelben Früchte sind mittelgroß. Manchmal sind sie im Kragen-

Zwischen Schuppen und Wohnhaus gibt es eine „grüne Gartendusche" in einer Laube. Hier beginnt der Vorgarten mit etlichen Kübelpflanzen. Die tieferliegende Terrasse wirkt nicht nur an Sonnentagen sehr einladend. Dazu kommen Blumen am Fenstersims und ein Sichtschutz aus Gräsern und Sträuchern, die als Uferbepflanzung eines Tümpels den Blick zum Haus verhüllen. Ein kleines hölzernes Boot lässt – hoch über Regensburg – die Nähe zur Donau erahnen. Der Weg zur Garage verläuft mitten durch den riesigen Gemüsegarten. Hier können sich die Pflanzen auf natürliche Weise entfalten. Fürs Kleinklima sorgen bunte Blumenbeete. Eva und Fritz Weikl sind mittlerweile Rentner und so wurde der Garten zum Fulltime-Job. „Arbeitsteilung ist unser Schlüssel zum Erfolg", sagt der Hausherr. Er ist für die groben Arbeiten zuständig, während Gattin Eva „das Händchen für das Feine, für die Details hat". Dazu gehören die rund 120 Tomatenstauden, die jedes Jahr aufs Neue den gesamten Gemüsegarten durchziehen. Schwarz, rot, gelb, grün, orange, violett und rosa, klassisch rund oder herzförmig, länglich, gestreift und marmoriert: Die jahrzehntelange Erfahrung hilft Eva Weikl dabei, den Überblick über die vielen Sorten zu behalten. Eine kleine Auswahl: Schwarzer Prinz, Ananas, Zahnrad, Petit Chocolate, Reisetomate, Gold Ball, Green Zebra und Himmelsstürmer. „Ich mach mir im Sommer selber Samen, indem ich die Kerne aus den Tomaten auf ein Blatt Küchenrolle gebe und sie dann einfach darauf trocknen lasse und beschrifte." Ende Februar zupft sie die einzelnen Samen aus dem Papier, drückt diese in Töpfchen mit An-

» WENN DAS WETTER WÄRMER WIRD, STELLE ICH DIE ANSAATEN UNTER TAG INS ZUGEDECKTE HOCHBEET. «

zuchterde und lässt sie in der warmen Wohnung keimen. Wenn die zweiten Keimblättchen zu sehen sind, werden sie in größere Gefäße umgepflanzt. „Wenn das Wetter wärmer wird, stelle ich die Ansaaten unter Tag ins zugedeckte Hochbeet", berichtet die Gemüsegärtnerin. Ein Gewächshaus besitzt sie nicht. Und auch kein Tomatenhaus. Sie setzt aufs Freiland ohne Überdachung. Die Auspflanzung erfolgt Anfang bis Mitte Mai, je nach Wetter. In die Pflanzgrube gibt das Ehepaar eine Schaufel abgelagerten Mist. Die Tomatenpflanzen werden von Holzstäben gestützt und beim Wachsen immer wieder angebunden und ausgegeizt. „Das bedeutet, dass ich die Seitentriebe wegzwicke, damit der Hauptstamm kräftig wird", erklärt Eva Weikl. Wenn es der Sommer gut meint, viel Wärme und nicht zu viel Regen bringt, dann fällt auch die Ernte ergiebig aus: „Meist so Mitte Juli geht es los." Die meisten Tomaten verarbeitet die Familie zu einer aromatischen Tomatensuppe oder zu Sugo, einer fruchtigen Tomatensoße (siehe Rezepte-Seite 116/117).

Rund ums Haus laden Topfpflanzen und Sitzplätze zum Verweilen ein.

Das blaue Leberblümchen mag schattige Plätze.

Blick auf den riesigen Gemüsegarten mit Hochbeet für Salat und Gurken.

Idyllischer Blick zum Gartenschuppen.

Außer den Tomaten wachsen Gurken, Rote Bete, Busch- und Stangenbohnen, Spinat, Kürbisse, Kohlrabi, Mangold, Paprika, diverse Peperoni sowie Karotten in orange, gelb und lila. Dazu kommen verschiedene Sommer- und Wintersalate sowie die unermüdlich für Nachschub sorgenden Zucchini. Eva Weikl ist begeistert von den wohlschmeckenden Schlangenzucchini mit ihren vielen herabhängenden Früchten: „Das sind interessante Pflanzen, auch weil sie gerne klettern." Im Garten gibt es einjährige Kräuter, die jedes Jahr gesät werden müssen: Petersilie, Basilikum, Dill, Rucola, Hirschhornwegerich, Bohnenkraut, Koriander und Majoran. Mehrjährige Kräuter im Weikl-Garten sind Gewürzfenchel, Estragon, Weinraute, Borretsch, Thymian, Malven, Buchweizen und Portulak. „Von Salbei, Zitronenmelisse, verschiedenen Arten von Pfefferminze und Zitronenverbene wird vom Frühjahr bis zum Spätherbst jeden Tag Tee zubereitet", sagt die Pflanzenkennerin. Die Blüte des Garten-Oregano schätzen dagegen die Insekten.

Eva Weikls Lieblingsblumen blühen blau. So wie Zierbeinwell, Ochsenzunge, Leberblümchen, Blausternchen, Glockenblume, Bleiwurz, Salbei und Büschelschön. Im Garten gibt es einjährige Pflanzen, die jedes Jahr neu gesät werden, wie Löwenmaul, große und kleinblütige Zinnien, Mexiko-Sonnenblume und Malven. Für Herbstkränze eignen sich die Strohblumen, Staticen (Strandflieder) und Sonnenflügel. Eine Auswahl an winterharten Stauden im Weikl-Garten: Acanthus (Bärenklau), Spornblume, Edelweißmargerite, Schaublatt, Salomonssiegel, Sonnenhut, Stockrose, Sterndolde, Kugeldistel. Ab Juli/August blühen die orangefarbigen Cosmea (Schmuckkörbchen), die sich jedes Jahr selber aussäen und regelrecht über den Gemüsebeeten „schweben". Staunen lassen auch die dekorativen Fuchsschwänze, die ebenfalls durch den Garten wandern dürfen.

Schmuckkörbchen *(Cosmos bipinnatus)*

Die anspruchslose einjährige Sommerblume wird oft auch als Cosmea bezeichnet und kann fast mannshoch werden. Sie hat feine, fiedrige Blätter und die Blüten sitzen auf zarten, filigranen Stängeln. Cosmeen blühen in vielen Farben von Juni bis zum ersten Frost und bieten Bienen und Schmetterlingen Nahrung. Sie benötigen keine Pflege, aber einen sonnigen Standort. Am besten gedeihen die Korbblütler auf trockenen und nährstoffarmen Böden. Als Überlebenskünstler säen sie sich an den ungewöhnlichsten Plätzen im Garten selber aus.

Über die Stufen bei der tieferliegenden Terrasse geht es hinauf zum Garten.

» ICH MACH MIR IM SOMMER SELBER SAMEN, INDEM ICH DIE KERNE AUS DEN TOMATEN AUF EIN BLATT KÜCHENROLLE GEBE UND SIE DANN EINFACH DARAUF TROCKNEN LASSE UND BESCHRIFTE. «

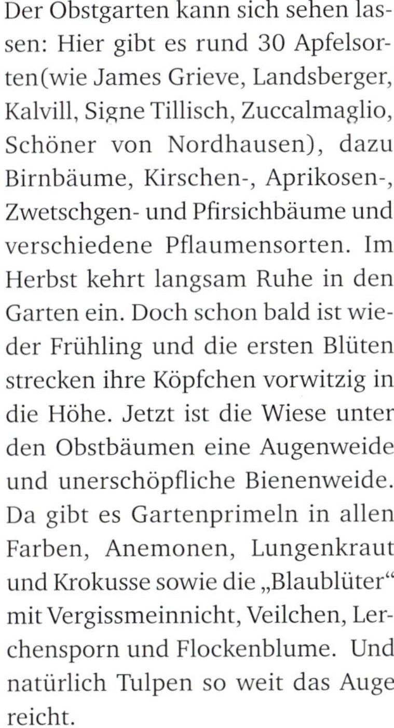

Der Obstgarten kann sich sehen lassen: Hier gibt es rund 30 Apfelsorten(wie James Grieve, Landsberger, Kalvill, Signe Tillisch, Zuccalmaglio, Schöner von Nordhausen), dazu Birnbäume, Kirschen-, Aprikosen-, Zwetschgen- und Pfirsichbäume und verschiedene Pflaumensorten. Im Herbst kehrt langsam Ruhe in den Garten ein. Doch schon bald ist wieder Frühling und die ersten Blüten strecken ihre Köpfchen vorwitzig in die Höhe. Jetzt ist die Wiese unter den Obstbäumen eine Augenweide und unerschöpfliche Bienenweide. Da gibt es Gartenprimeln in allen Farben, Anemonen, Lungenkraut und Krokusse sowie die „Blaublüter" mit Vergissmeinnicht, Veilchen, Lerchensporn und Flockenblume. Und natürlich Tulpen so weit das Auge reicht.

Am anderen Ende des Gartens, beim Haus von Heiner Weikl, fangen bald auch die japanischen Baumpfingstrosen – quasi als Boten des Sommers – zu blühen an. Heiner Weikl war Gärtner an der Universität Regensburg und genießt es jetzt im Ruhestand, den Pflanzen zuzuschauen. Doch das ist schon wieder eine andere Gartengeschichte.

GARTENWISSEN

Totholzhaufen und Benjeshecke

Totholz fällt im Garten regelmäßig an (Obstbaumschnitt, Aufräumen im Herbst). Aufgeschichtet bietet es Lebensraum und Nahrung für Insekten, Reptilien, Vögel, Igel und andere Tiere. Ein Totholzhaufen kann sogar ein attraktives Gestaltungselement werden, wenn Begleitpflanzen wie Farne und Gräser dazugesetzt werden. Eine lebendige Gartenecke, in der sich auch Nützlinge gerne aufhalten, ergibt Totholz zusammen mit einem Steinhaufen und einer kleinen Wasserfläche.

Mit einer Benjeshecke (Totholzhecke) schafft man einen artenreichen Lebensraum am Grundstück. Ein weiterer Vorteil: Man hat einen dauerhaften Entsorgungsplatz für anfallendes Gartenmaterial. Anlage: In zwei Reihen (abwechselnd rechts und links im Abstand von etwa einem Meter) stabile Äste oder gekaufte Holzpfosten in den Boden rammen. Die Breite sollte mindestens einen halben Meter betragen. Dazwischen werden Äste, Zweige, Reisig und andere Gartenreste gelegt und zu einer Hecke aufgeschichtet. Durch den Verrottungsprozess sackt die Hecke ab. So kann immer neues Material nachgelegt werden. Wer will, dass seine Benjeshecke lebt, kann mit einer Bepflanzung nachhelfen.

DER GARTEN VON SONJA UND VOLKER SEEBAUER

Standort: Schorndorf (Cham)

Grundstück: 1000 qm

Beschreibung: Zertifizierter Naturgarten in extremer Hanglage im Stilmix unterschiedlichster Pflanzen. Experimentiert wird auch im Gemüsegarten. Steine, Holz und ein Laubengang geben Strukturen vor.
Ein langer Holzsteg führt vom Wohnhaus zum Teich mit Grillplatz sowie zur trittfesten Thymian-Wiese.

DER REIZ DES DSCHUNGELS

Hier gibt es keinen Quadratmeter Rasen, also ist Zupfen statt Mähen angesagt! Die Hausherrin spaziert dazu von Zeit zu Zeit mit Eimer und Gartenschere übers Grundstück. Alleine ist sie dabei nicht: Viele Kleintiere und Insekten haben das Idyll für sich entdeckt. Das Ehepaar Seebauer teilt gerne, auch wenn bei der Ernte der Japanischen Weinbeere ein Wettlauf mit der Amsel angesagt ist. Entspannt bleiben sie auch, wenn Stauden und Blumen durch den Garten wandern.

Am Gartentor hängt seit September 2020 das Schild „Zertifizierter Naturgarten". Eine Auszeichnung, die nur vergeben wird, wenn die Kriterien für Ökologie und Biodiversität erfüllt sind. Im Schorndorfer Garten ist weit mehr vorhanden als gefordert. Nachdem das Hanggrundstück komplett abgeschirmt ist, muss man warten, bis sich das Tor öffnet. Der „Aha-Effekt" ist dabei vorprogrammiert. „Wir sind absolut unerfahren in das Abenteuer Garten gesprungen", sagt Sonja Seebauer. Doch ebenso wie ihr Mann ist sie mittlerweile zu einer Expertin mit umfassendem Gartenwissen geworden. Von der Planung bis zur Pflanzung lief alles in Eigenregie. 2009 starteten die „zugroasten" Neubürger nicht nur mit dem Entkernen und dem Ausbau eines ehemaligen Austraghäuschens, auch der angrenzende Garten wurde gleich mit angepackt und sich von oben nach unten vorgearbeitet. „Als Ausgleich zu den Renovierungsarbeiten", sagt Volker Seebauer schmunzelnd und ergänzt: „Der Garten wurde zur Seele des Ganzen." Im Sommer ist das Grundstück ein grüner Dschungel mit vielen versteckten Ecken, die es zu entdecken gibt. „Jede Jahreszeit hat ihre Vorzüge", betonen beide.

Als Erstes wurde am Eingang, etwa mittig des Grundstücks gelegen, eine mehrere Meter hohe Steinmauer mit mächtigen Granitsteinen aus der Region aufgeschichtet, um das Gelände abzufangen. Dahinter verbirgt sich ein Erdkeller, der ganzjährig die Temperatur gut hält und als Lager für Äpfel und Getränke genutzt wird.

Das extreme Hanggrundstück wurde mit Steinen terrassiert.

Die vorher mit Brennnesseln überwucherte „fette Wiese" wurde komplett abgetragen und eine etwa 20 Zentimeter dicke, relativ grobe Schotterschicht aufgebracht. An einigen Stellen erfolgte der Bodenaustausch mit Ziegelsplit. „Der Boden war zu nährstoffreich", erklärt Volker Seebauer. Auch alle Nadelbäume mussten weichen, nur ein alter Apfelbaum durfte bleiben. Einen Fehler musste er mit Muskelkraft und vielen Schubkarrenfuhren wettmachen: „Wir haben den Bagger zu schnell weitergeschickt."

Nach elf Jahren ist die Hangwiese nicht mehr wiederzuerkennen. Die abwechslungsreiche Bepflanzung - von Rosen bis Disteln - begeistert Besitzer, Gäste und tierische Besucher gleichermaßen. „Wir haben mehrere Klimazonen im Garten", erklärt Sonja Seebauer beim Rundgang. Die heimische Vogelschutzhecke muss sich ebenso gegen den Ostwind stemmen wie der Feigenbaum, der

Im Naturgarten sind Zierdisteln unverzichtbar.

Die mehrjährige Küchenschelle leuchtet mit violettblauen Blütenkelchen.

Weißes Gewusel: Die Küchenschelle ist sogar verblüht ein Hingucker.

Das Johanniskraut zaubert sonnig-gelbe Farbtupfer.

auf einer Anhöhe thront. Geschütztere Lagen gibt es in der Gartenmitte, und bei der Experimentierecke am Stodlgiebel wird es fast mediterran. Ein Vorteil: Das Ehepaar ist „steinreich“. Das Gestein in allen Größen und Formen wird von der Sonne erwärmt, was beispielsweise den frostempfindlichen Mönchspfeffer sehr stabil wachsen lässt und auch Thymian und Rosmarin gut durch den Winter bringt. Im Frühjahr blüht die Küchenschelle und im Sommer das gelbe Johanniskraut. Die graubehaarte Zistrose sorgt für Nachschub beim beliebten Familiengetränk, dem Cistus-Tee. Und die schwarzen, sehr süßen Früchte der Maulbeere munden nicht nur den Gartenbesitzern: „Wir streiten uns immer mit den Amseln. Das ist Bio-Lärm“, sagt Sonja Seebauer lachend. Das gleiche Spiel läuft bei der Japanischen Weinbeere ab. „Die trägt richtig viel und ist sehr anspruchslos.“ Gute Ernte liefert auch das am Haus angebrachte Kiwi-Spalier der Sorte „Weiki“. Diese Züchtung aus Weihenstephan hält raue Lagen gut aus: Ein weiterer Kiwi wächst als Baum mitten im Grundstück und bekommt die Winde des Bayerischen Waldes voll ab. „Insgesamt ist es ein nutzbarer Garten im Stilmix ohne Zwänge“, lautet die Umschreibung der Besitzer.

Einige am Boden liegende Baumstämme sind dekorativ und gleichzeitig wertvolles Totholz. Der Buntspecht übt sich im Zerlegen, während Eidechsen sowie andere Kleintiere und Insekten Unterschlupf finden. Die Stauden dürfen sich selber aussäen und durch den Garten wandern. Nur wenn etwas überhand nimmt – wie aktuell der Hundsklee am Teich – dann wird reduziert.

Mini-Kiwi 'Weiki' *(Actinidia arguta 'Weiki')*

Die winterharte Kiwi-Sorte 'Weiki' wurde, wie es der Name schon vermuten lässt, im LWG-Sichtungsgarten Weihenstephan gezüchtet. Sie wird deshalb gerne auch als „Bayern-Kiwi“ bezeichnet und ist die kleine Schwester der Supermarkt-Kiwi. Die Mini-Kiwi besticht mit ihren glattschaligen Früchten und dem hohen Vitamin-C-Gehalt. Die Pflanze verträgt bis zu minus 30 Grad und ist mittlerweile in vielen Oberpfälzer Gärten zu finden. Ihr Plus: Sie ist relativ anspruchslos und widerstandsfähig gegenüber Krankheiten. Die 'Weiki' ist zweihäusig, Das bedeutet, dass männliche und weibliche Blüten auf verschiedenen Pflanzen wachsen. Man benötigt also mindestens zwei Kiwis im Garten, wenn man Früchte haben möchte. Bis zur ersten Blüte dauert es meist vier bis sechs Jahre. Doch die 'Weiki' ist auch mit ihren herzförmigen, dunkelgrünen Blättern sehr dekorativ.

„Es gibt kein Unkraut. Ich lasse fast alles und fast immer funktioniert es auch." Bücken nach Löwenzahn? Fehlanzeige. Auch Giersch stört nicht. Er darf an einigen Plätzen wachsen und wird mittels einer Mauer in Schach gehalten. Der Tellerpfirsichbaum fühlt sich unter dem schützenden Kirschbaum wohl. „Es ist ein Gleichgewicht vorhanden, das alles gesund hält", erklärt Sonja Seebauer. Sie pflückt eine Indianerbanane („Die ist megalecker!"), deren Form eher an eine Mango erinnert.

Wir biegen ab zum Nutzgartenbereich am Hausgiebel mit direktem Zugang zur Küche. Der frisch gepflasterte Bereich vor der Terrasse soll in den nächsten Jahren mit einer

» ES GIBT KEIN UNKRAUT. ICH LASSE FAST ALLES UND FAST IMMER FUNKTIONIERT ES AUCH. «

Wein-Pergola überdacht werden. Zwischen den Hochbeeten zieht der Duftrasen mit der sehr dominanten Scheinkamille und dem blühenden Thymian Auge und Nase an. Drei Jahre hat es gedauert, bis alles zu einer homogenen Fläche zusammengewachsen ist. Die Hochbeete nutzt die Familie seit sechs Jahren und möchte sie nicht mehr missen. „Wir pflanzen hier je nach Jahreszeit auch unterschiedlichstes exotisches Gemüse wie Malvensalat, Chinesische Keule, Zackenschoten, Erdbeerspinat und Gartenmelde an und experimentieren liebend gerne mit neuen Sorten", sagt Sonja Seebauer. Übrigens: Die Blätter des Erdbeerspinats werden wie Spinat verwendet und auch die hellroten Früchte, die in den Blattachsen wachsen, sind essbar. Beim Spargelsalat 'Chinesische Keule' bildet der fleischige Stängel den eigentlichen Ertrag: Dieser wird vor der Knospenbildung geerntet und wie Spargel oder Kohlrabi zubereitet. Tomaten, Gurken, Zucchini, Salate und Grünkohl sind, wie bei den meisten Hobbygärtnern, ein jährlicher Standard. „Es werden vorwiegend robuste, alte Sorten verwendet, bei denen eine Überdachung beziehungsweise ein Regenschutz nicht so wichtig ist", informiert die Gemüseliebhaberin.

Nordische Zitrone/Zierquitte 'Cido' *(Chaenomeles japonica)*

Die Nordische Zitrone, eine fast dornenlose Zierquitte, gefällt mit ihren großen, orangeroten Blüten. Diese schätzen auch Bienen und Insekten. Die Früchte (geeignet zur Verarbeitung, beispielsweise als Saft oder Gelee) sind klein und dünnschalig und weisen einen hohen Vitamin-C-Gehalt auf. Die neue Sorte stammt aus Lettland und wurde dort als Ersatz für Zitronen gezüchtet. Der Strauch wird etwa 1,50 Meter hoch und ist absolut winterhart. Er ist auch als Ziergehölz für den Pflanzkübel geeignet.

„Ursprünglich haben wir verschiedenste Beetversuche gestartet", erzählt Volker Seebauer. Neben dem herkömmlichen Gartenbeet wurde mit Heubeet, Kraterbeet, Hügelbeet und Hochbeet experimentiert. Das Resümee: „Das Hochbeet hat sich für den täglichen Einsatz bewährt, da es am leichtesten zu handeln ist." Als einzigen Nachteil führt er das Austrocknen und Absinken der Pflanzerde an: „Auch hier wurde deshalb lange an unterschiedlichen Mischungen gearbeitet, bis wir nun eine Erdmischung gefunden haben, welche mit sehr wenig Wasser auskommt und auch in trockenen Zeiten stets krümelig bleibt." Wenn möglich, wird darauf geachtet, den Fruchtwechsel umzusetzen. Da die Hochbeete aber mit unterschiedlichen Ausrichtungen verschiedene Bedingungen in puncto Sonne, Schatten und Wind erfüllen, sind die Seebauers hier etwas eingeschränkt. Dem guten Mutterboden werden natürliche Nährstoffe zugeführt, unterstützend wirken eine dicke Laubüberdeckung im Winter und der Verzicht auf ein radikales Abernten im Herbst. Manche Sorten dürfen ausblühen und werden zur Samengewinnung stehen gelassen. Volker Seebauer stellt fest: „Das einzig Negative mit den Hochbeeten ist der Frost, der sich leider immer wieder in die zu frühe ungeduldige junge Pflanzenwelt drängt. Das Positivste ist der geringe Aufwand, mit dem die Hochbeete nach einer einmalig aufwendigen Ersteinrichtung betrieben werden können."

Zwischen den Hochbeeten blüht im Sommer Duftrasen. Im Herbst (rechts) werden die Gemüsepflanzen nicht komplett abgeerntet.

Weiter geht es in die Mitte des Gartens mit der trittfesten Thymian-Wiese. „Im Sommer summt und brummt es hier wie in einem Bienenstock. Das ist so schön anzuschauen", freut sich das naturverbundene Ehepaar, welches keine Probleme mit den Tierchen hat. „Wespen, Hornissen und Bienen führen ihren Krieg selber." In der Beeren-Straße am unteren Grundstücksrand werden die überhängenden Zweige mit Eisenstangen, die mit Kokosseilen umwickelt sind, in Struktur gehalten. Die Stangen bilden damit keinen Fremdkörper,

» DIE WELT IST CHAOTISCH, DER GARTEN DARF ES AUCH SEIN. «

sondern fügen sich als dekorative Elemente ein. Die Auswahl an Beerensträuchern ist von der Thaibeere und dem Chinesischen Weißdorn bis hin zur Kornelkirsche und dem heimischen Holunder groß. „Bei den Obstsorten ist alles bis auf die Pflaume vertreten", informiert Sonja Seebauer zu den Obstbäumen, die sich zwischen all dem Grün einfügen. Kleine Ausbuchtungen entlang des verschlungenen Weges bieten Platz für schattige Sitzecken, wie für eine „Sommercouch" unter den langen Brombeer-Ranken. Die Thujen am Nachbargrundstück sind durch eine Haselnusshecke weitgehend verdeckt.

Romantik im Naturgarten mit Rosen und Frauenmantel.

Den Eindruck vom „grünen Dschungel" verstärkt im Sommer ein Laubengang. Wir kommen zum Grill-

GARTENWISSEN

Wildobstgehölze

Wildobstgehölze (Bäume/Sträucher) kommen auch „wild" in der freien Landschaft vor und wurden für die Gartenverwendung nur wenig züchterisch behandelt. Die Gehölze sind pflegeleicht und robust. Viele punkten mit ihrem Fruchtschmuck (Beispiel: Apfelbeere/Aronia und Sanddorn). Eine besonders schöne Blüte haben Zierquitte und Kornelkirsche. Mit ihrer Herbstfärbung fallen Kulturheidelbeere und Felsenbirne auf. Wildobst im Garten bietet Lebensraum und Futterquelle für Insekten, Vögel und Schmetterlinge. Die Beeren bringen auch Abwechslung in die Küche. Einige Beispiele: Für Marmelade/Gelee eignen sich Holunder, Eberesche, Aronia, Felsenbirne oder Kornelkirsche. Für gesunden Saft sind Sanddorn und Kirschpflaume beliebt und von der Hagebutte der Hundsrose kann Tee oder Mus mit hohem Vitamin-C-Gehalt zubereitet werden.

Dschungelgarten: Hier geht's hinein in den Laubengang.

Weinbergschnecken lieben Totholz.

Eine Eidechse im Gemüsegarten.

Naschmarkt für die Hummel.

Ringelnattern sind gerne im Wasser.

Der Igel als Gartenbewohner.

platz, ein Rondell aus festgeschraubten Fichtenbrettern vor der massiven Steinwand. „Mein Mann ist handwerklich sehr begabt“, lobt Sonja Seebauer. Gleich daneben wächst eine Rarität: Die Nordische Zitrone (Zierquitte) mit ihren kleinen, gelben Früchten, die in der Familienküche zu Mus verarbeitet werden. Von hier fällt der Blick hinüber zum Naturteich (mit Lehm ausgebettet), der mit Regenwasser gespeist wird.

Zwischen den verschlungenen Wegen hinauf zum oberen Garten erheben sich mit Steinen gebaute Hochborde, quasi als „natürliche Hochbeete“. Hier wachsen Schätzchen wie die Hängeminze 'Indian Mint', Gelber Enzian oder auch Klatschmohn. Ein besonderer Zaun – aufgeschichtete Dachziegel vom alten Haus – bildet derzeit die Grenze. Hier gibt es noch einige Quadratmeter Wiese, die aber bereits mit neuen Ideen (Blumenwiese oder Freilaufgehege für Hühner und Hasen) überplant sind. Im Waldgartenbereich darf der wunderschöne, aber hochgiftige Fingerhut wachsen. In geschützter Hochlage, am Brettergiebel der Garage, ist eine „Experimentier-Ecke“ angelegt. Eine kleine Auswahl: Feigen-

Schwarzer Maulbeerbaum *(Morus nigra)*

Neue Züchtungen machen den Maulbeerbaum auch für den Hausgarten interessant. Denn jetzt gibt es Sorten, die nur drei und keine 15 Meter hoch werden. Die weiß-gelben Blüten ähneln Weidekätzchen und die blauschwarzen, geschmacksintensiven Früchte sehen aus wie Brombeeren im XXL-Format. Die Erntezeit ist lang: Von Mai bis September reifen immer neue Beeren heran. Der Maulbeerbaum ist winterhart und relativ pflegeleicht. Er schätzt, wie andere Obstgehölze auch, einen windgeschützten, warmen und sonnigen Standort. Humusreicher, gut durchlässiger und ein eher kalkhaltiger Boden ist von Vorteil. Junge Bäume sollten in trockenen Sommern gut gegossen werden und benötigen einen Winterschutz.

Fruchtstände bleiben stehen und das Herbstlaub darf liegenblieben. Es schützt vor Frost und gibt Nährstoffe an den Boden ab.

kaktus, Chinesische Dattel und Urform-Zitrone. Nachschub gibt es laufend durch gute Kontakte zu einer Raritäten-Gärtnerei im Landkreis Regen (Niederbayern). „Es ist spannend, was bei uns alles durchkommt", freut sich die Hobbygärtnerin auch über den noch Anfang November blühenden Rosmarin.

Die Arbeiten im Herbst halten sich in Grenzen, denn der Garten wird nicht „leergeräumt". Die Stauden bleiben mit ihren Fruchtständen bis zum Frühjahr stehen und das Laub darf liegenbleiben. Es schützt die Pflanzen vor Frost und durch die langsame Zersetzung werden Nährstoffe an den Boden abgegeben. Herbstlaub wirkt sich nur auf den Rasen negativ aus, und einen solchen gibt es ja im Seebauer-Garten nicht. Höhen und Tiefen fallen hier besonders im Winter gut auf. „Das Unregelmäßige wird wieder harmonisch", sagt Sonja Seebauer und ergänzt: „Die Welt ist chaotisch, der Garten darf es auch sein." Der Rundgang endet bei der Mispel, deren braune, behaarte Früchte etwas Frost benötigen, damit sie zur Ernte weich und süß-säuerlich sind. Beim Hoftor fällt der Blick noch auf die Solar-Außendusche. Diese liefert der Familie viele Monate lang warmes Wasser und überbrückt damit die Zeit, bis der Grundofen im Haus wieder zu knistern anfängt. „Der Garten ist unsere grüne Hölle, unser Dschungel." Ein passendes Schlusswort des Ehepaares, dessen Energie sich nicht nur in der Bepflanzung wiederfindet, sondern auch in den gestalterischen Elementen aus Stein und Holz spiegelt.

Sogar bei nasskaltem Herbstwetter wirkt der Grillplatz einladend.

DER GARTEN DER FAMILIE FRANK/KUNZ

Standort: Motzersreuth/Bad Neualbenreuth (Landkreis Tirschenreuth)

Beschreibung/Größe: Biologisch bewirtschafteter und zertifizierter Naturgarten rund um einen Vierseithof. Das Grundstück ist in verschiedene Gartenbereiche eingeteilt: Hecke am Hang zur Straße (600 qm); Gemüsegarten (500 qm); Blumengarten (170 qm); Blumenwiese (170 qm); Streuobstwiese (geplant 1600 qm).

SCHLARAFFENLAND FÜR NÜTZLINGE

In einem gesunden Garten muss es brummen und summen. Angela Frank pflanzt deshalb nicht nur Gemüse für die Familie an, sondern auch Herzgespann und Hauhechel für die Insekten. Bei der Auswahl der Gartengeräte wird an die Regenwürmer gedacht und als Dünger kommt ungewaschene Schafwolle in die Pflanzlöcher. Akelei und Klatschmohn genießen die Freiheit und wandern ungebremst durchs Gelände.

Seit der Zertifizierungsaktion im Herbst 2020 hängt das Schild „Naturgarten – Bayern blüht“ am Zaun. Angela Frank ist hier aufgewachsen. Sie empfindet es als großes Glück, dieses Stück Erde zusammen mit ihrem Mann Wolfgang Kunz und ihren Eltern bewirtschaften und gestalten zu können. Im Einklang mit der Natur zu gärtnern, das ist ihr wichtig. Und auch die Freiheit, Neues entstehen lassen zu können. Auf den folgenden Seiten nimmt Angela Frank die Leser dieses Buches mit auf eine Reise durch ihren Garten:

Hecken, Bäume und die verschiedenen Bereiche des Gartens befinden sich rund um den früheren Bauernhof. Der Großteil der landwirtschaftlichen Flächen ist verpachtet und wird zum Teil ökologisch (Naturland) und zum Teil naturfreundlich bewirtschaftet (komplette Fläche ohne Spritzmittel und Kunstdünger). Am Treppenaufgang zum Haus und neben der Garage finden sich vor allem Katzenminze, Wundklee, Margeriten, Phlox, Thymian sowie im Frühling verschiedene Frühjahrsblüher. Vor dem Haus wurde eine kleine Wildblumenwiese (gebietsheimisches Saatgut) angelegt. Hier dominieren Margerite und Flockenblume, Skabiose und Wilde Möhre, Wegwarte und Teufelskralle.

Gartenzertifizierung „Bayern blüht – Naturgarten“

Gartenbauliche Verbände (Bayerische Gartenakademie/Kreisverband für Gartenbau und Landespflege) würdigen mit der Zertifizierung eine boden- und wasserschonende Bewirtschaftung sowie den Erhalt der Artenvielfalt im Haus- und Kleingarten. Damit soll zur Nachahmung angeregt werden.

Naturnah bewirtschaftete Gärten ziehen im Laufe des Jahres Bienen, Insekten, Vögel und Kleintiere an. Mit der Naturgarten-Plakette am Zaun können Gartenbesitzer ihren Beitrag zur Biodiversität sichtbar machen. Kernkriterien, die eingehalten werden müssen, sind der biologische Anbau. Also der Verzicht auf chemisch-synthetische Dünger, auf chemische Pflanzenschutzmittel sowie auf Torf zur Bodenverbesserung.

Zusätzlich muss der Garten eine Vielfalt an verschiedenen Pflanzen und Tieren aufweisen. Aus dem Bereich „Naturgarten-Elemente“ fließen Kriterien wie insektenfreundliche Blumen und Stauden, gebietstypische Hecken und Gehölze, Wildkräuter im Rasen und das Vorhandensein verschiedener Lebensräume ein. Auch Aspekte wie Mischkulturen, Fruchtfolge, Gründüngung, Kompostbewirtschaftung, Regenwassernutzung, Nützlingsunterkünfte sowie Gemüse-, Kräuter- und Obstanbau bringen Punkte.

Am Treppenaufgang zum Haus wachsen Katzenminze, Wundklee, Margeriten, Phlox und Thymian.

Frühjahrsblüher sind eine wichtige Nahrungsquelle für Insekten.

Zwischen Wohnhaus und Straße erstreckt sich der Blumengarten. Hier werden auch verschiedene Kräuter und Salate angebaut. Im Blumengarten gibt es vor allem Frühjahrsblüher wie Winterlinge, Schneeglöckchen und Krokusse sowie Lungenkraut und Schlüsselblume, Narzissen und Tulpen. Außerdem finden sich hier die mehrjährigen Stauden, insbesondere Ehrenpreis, Phlox, Steinsame, Stockrosen, Storchschnabel, Sonnenhut, Pfingstrosen, Alant, Bartblume, Fingerhut, Berglauch und Fetthenne. Akelei, Klatschmohn und Spornblume säen sich immer wieder selbst aus. Ab und zu werden auch Marienglockenblumen, einjährige Zinnien oder Gewürztagetes angepflanzt. Die verschiedenen Kräuter werden nicht nur für die Küche verwendet. Salbei, Schnittlauch, Bohnenkraut, Thymian, Rosmarin, Oregano, Ysop und mehrere Minzesorten blühen auch für die Insekten. Angepflanzt werden auch Petersilie und Majoran. Um den Höhenunterschied im Gelände auszugleichen, wurden eine Mauer aus Granitsteinen sowie drei Trockenmauern aus Feldsteinen angelegt. Die Wege sind teilweise mit Granitsteinen gepflastert und zum Teil mit Rindenmulch gestaltet. In der Mitte des Blumengartens steht ein kleiner Granittrog mit Wasser aus der eigenen Quelle. Am Hang zur Straße befindet sich eine Hecke, die schon vor etwa 30 Jahren angelegt wurde und Vögeln Schutz und Lebensraum bietet. Hier finden sich Sträucher wie Weißdorn, Kornelkirsche, Schlehe, Wildpflaume, Haselnuss, Flieder, Holunder, Felsenbirne und Aronia. Ein Steinhaufen und Totholz rundet das Angebot für Wildtiere ab. Am Weg entlang wächst unter anderem Hornklee.

Der große Gemüsegarten befindet sich hinter dem Hof und dient der Eigenversorgung. Es gibt zwei Gewächshauser für Tomaten, Gurken, Paprika und Chili. Im älteren Haus wächst nur eine Tomatensorte, die von der Familie seit vielen Jahren angebaut und aus den Samen immer wieder selbst nachgezogen wird. Im neuen Gewächshaus mit Glasfenstern werden auch die kleinen Spitzpaprika reif. Zudem werden dort Cherry-Tomaten und die Marktomate angebaut. Die Marktomate hat wie eine Fleischtomate wenig Wasser und eignet sich gut als Pizza-Belag. Tomaten, Paprika und Chili sind alle samenfest und werden zum Großteil selbst nachgezogen.

Die längliche Marktomate ist vollfleischig und hat wenig Kerne. Sie gilt als die klassische italienische Pizza-Tomate.

Buntes Nebeneinander auf den gemulchten Beeten im Bauerngarten.

Im Gemüsegarten finden sich alle üblichen Gemüsesorten wie Kohlrabi, Karotte, Fenchel, Lauch, Sellerie, Kartoffel, Zwiebeln, Knoblauch, Bohnen, Petersilienwurzel, Radieschen, Salat, Feldsalat, Spinat, Weißkraut, Blaukraut, Spitzkohl, Rote Rüben und Mangold. Die Jungpflanzen werden zum Großteil selbst aus Bio-Saatgut gezogen. Brokkoli- und Blumenkohl-Pflanzen werden meistens dazugekauft, ebenso hin und wieder auch andere Jungpflanzen. Von den einzelnen Sorten wird mehr angebaut, als die vierköpfige Familie benötigt. So bleibt genügend übrig, wenn sich davon Schnecken und Mäuse bedienen. In den zwei Hochbeeten werden die Gemüsesorten gepflanzt, die vor den Schnecken geschützt werden müssen, wie beispielsweise die Petersilienwurzel. Durch einen Aufsatz können die Hochbeete auch als Frühbeet für Salat und Kohlrabi genutzt werden.

Im Gemüsegarten finden sich auch Blumen und Kräuter als Insektennahrung, darunter Herbstblüher wie Sonnenbraut, Fetthenne, Becherpflanze (Silphie) und Sonnenblume. Auch der Streifen mit Phlox sowie ein Beet mit Jakobsleiter und Blutweiderich sind bei den Insekten sehr beliebt. Die Hummeln lieben vor allem Salbei, Natternkopf, Stockrosen, Beinwell, Katzenminze und Borretsch. Am Rand der Gemüsebeete oder an einzelnen Ecken blühen Kräuter wie Oregano und verschiedene Thymiansorten, dazu Ringelblume, Kugeldistel und Ehrenpreis. Eisenkraut und Schmetterlingsflieder sind vor allem bei Schmetterlingen sehr beliebt. Seit einigen Jahren wird Gemüsefenchel angebaut, der auch als Futterpflanze für die Raupen des Schwalbenschwanz-Schmetterlings dient. Kopfweiden, die mit Efeu berankt sind, spenden an heißen Sommertagen Schatten.

» BRENNNESSELN DÜRFEN IN EINIGEN ECKEN STEHEN BLEIBEN, WEIL MANCHE SCHMETTERLINGSRAUPEN DIESE ALS FUTTERPFLANZE BENÖTIGEN. «

Darunter befinden sich Sitzbänke. Den Gemüsegarten rahmen Beerensträucher ein, wie die rote, weiße und schwarze Johannisbeere sowie Josta und Himbeeren. Im Schatten der Weiden wachsen Bärlauch und Waldmeister. Der Gemüsegarten ist in mehrere Felder unterteilt. Bezüglich der Fruchtfolge und des Fruchtwechsels sind die Beete, auf denen die gleiche Sorte steht, relativ klein. So kann leichter darauf geachtet werden, dass auf einer Fläche nur alle paar Jahre die gleiche Frucht angebaut wird. Im Gewächshaus, wo immer die gleichen Pflanzen wachsen, wird die Erde immer wieder einmal ausgetauscht. Wenn nach der Ernte kein anderes Gemüse oder Salat folgt, wird auch mal Phacelia (Bienenfreund) als Zwischenfrucht angesät.

Auf dem Speiseplan der Raupe des Schwalbenschwanz-Schmetterlings stehen Doldengewächse wie der Fenchel.

Gemüse wird auf klassischen Beeten und in Hochbeeten angebaut.

» DER KOMPOST SPIELT EINE ZENTRALE ROLLE, WENN MAN KEINEN KÜNSTLICHEN DÜNGER VERWENDEN UND DAS BODENLEBEN AUFBAUEN WILL. «

Die Gartenbewirtschaftung erfolgt nicht zufällig, sondern nach biologischen und klimafreundlichen Grundsätzen. So werden im Garten keine Spritzmittel und kein künstlicher Dünger eingesetzt. Auch auf Torf wird verzichtet. Gedüngt wird mit Kompost, Mist vom eigenen Geflügel oder mit Rinder- und Pferdemist von den Nachbarn. Auf Hornmehl und Hornspäne (Schlachtabfälle) wird bewusst verzichtet. Stattdessen wird Schafwolle als organischer Langzeitdünger eingesetzt. Die ungewaschene Schafwolle wird einfach etwas zerrupft und mit ins Pflanzloch gegeben. Gegen Blattläuse, welche gerne die Paprikapflanzen im Gewächshaus heimsuchen, wurden 2020 erste Erfahrungen mit Larven von Nützlingen gemacht. Hier soll noch weiter experimentiert werden.

Die Wichtigkeit des Bodens und des Bodenlebens wird bewusst beachtet. Einblicke in Zusammenhänge bringt die Mitgliedschaft im Verein „Interessensgemeinschaft gesunder Boden“.

Durch Mulchen mit Grasschnitt oder Stroh wird für „Nahrungsnachschub“ für Mikroorganismen und Regenwürmer gesorgt. Werkzeuge, die den Regenwurm schonen, werden bevorzugt verwendet. Ein Beispiel: Grabegabel statt Spaten. Die Beete werden meistens nicht mehr komplett umgegraben, sondern nur noch oberflächlich aufgehackt und Pflanzlöcher ausgehoben. Der Kompost spielt eine zentrale Rolle, besonders wenn man keinen künstlichen Dünger verwenden und das Bodenleben aufbauen will. Deshalb gibt es im Garten gleich mehrere Komposthaufen. Der Kompost sollte weder zu trocken noch zu nass sein und deshalb bei Bedarf abgedeckt oder gegossen werden. Der Platz sollte möglichst im Halbschatten liegen. Nach dem ersten Jahr der Kompostierung wird Zucchini oder Butternut-Kürbis darauf gepflanzt. Erst im Jahr danach wird der Kompost in die Beete eingearbeitet. Kompostiert werden das gesamte Schnittgut aus dem Garten, Rasenschnitt und alle Obst- und Gemüseabfälle aus der Küche. Nachdem die Familie nur biologische Lebensmittel zukauft, wird vermieden, dass Schadstoffe in den Kompost gelangen. Grobes Material wird mit einem Häcksler zerkleinert und kann so gut durchmischt werden.

GARTENWISSEN

MULCHEN:
Das Abdecken des Bodens mit meist organischem Material bezeichnet man als Mulchen. Die Vorteile sind klar: Das Wasser kann nicht so schnell verdunsten und die Erde bleibt länger feucht. Bei starkem Regen wird der Boden nicht so leicht verschlämmt und außerdem schützt eine Mulchschicht die Lebewesen vor Temperaturschwankungen. Diese finden im Material sogar Nahrung. Auch der Unkrautwuchs wird gehemmt. Zum Mulchen eignen sich Stroh, Heu, Rasenschnitt, Erntereste, Hackschnitzel und Rindenmulch sowie mit Einschränkung auch Pappe, Folien und Gewebestoffe. Die jeweiligen Vor- und Nachteile für die Pflanzen sind zu beachten.

Auf der Wiese unterhalb des Hofes wurden in den letzten Jahren ein paar Obstbäume gepflanzt. Hier soll nach und nach eine Streuobstwiese entstehen. Einen großen Walnussbaum gibt es dort schon sehr lange. In diesem Obstgarten haben einige vom Aussterben bedrohte Geflügelrassen ihren Auslauf: die Augsburger Hühner mit Hahn, ein paar Cröll-

Der gelbe Winterling ist die erste Bienentrachtpflanze des Jahres. Die blaue Wegwarte öffnet jeden Tag neue Blüten und die Pollen der roten Mohnblume ziehen die Grashüpfer wie ein Magnet an.

witzer Puten, Bayerische und Fränkische Landgänse sowie die Aylesbury-Enten. Der Teich wird vom Wassergeflügel genutzt. Das Grundstück hat sich zu einem Insektenparadies entwickelt. In den letzten Jahren wurden immer wieder neue Pflanzen rund um den Hof ausgepflanzt, die als Futterpflanzen für Bienen, Wildbienen, Hummel und Schmetterlinge sowie für Schmetterlingsraupen dienen. Das sind beispielsweise Hauhechel, Knoblauchsrauke, Herzgespann, Wilde Karde und Efeu. Brennnesseln dürfen in einigen Ecken stehen bleiben, weil manche Schmetterlingsraupen diese als Futterpflanze benötigen. Blumen mit gefüllten Blüten werden nach und nach ersetzt von Blumen mit einfachen Blüten, die auch Nektar und/oder Pollen haben. Nur ein paar alte Sorten, wie bei den Pfingstrosen, oder besondere „Rosen-Lieblinge“ dürfen bleiben.

Angela Frank ist es wichtig, ein ganzjähriges Futterangebot für die Insekten zu haben. „Es wird darauf geachtet, dass im Hochsommer, Spätsommer und Herbst noch etwas im Garten blüht, wenn die Insekten in der Landschaft sowie auf den Wiesen und Feldern nichts mehr finden.“

Bei der Größe des Geländes ist es leicht, ein paar wilde Ecken anzulegen, ohne dass sie stören. So gibt es Steinhaufen, eine Trockenmauer, Totholz und Sträucher, wo Vögel brüten und andere Tiere Unterschlupf finden. Auch im Winter wird nicht alles zurückgeschnitten, Sträucher und Altgras bleiben über den Winter stehen. Als Nisthilfen wurden Insektenhotels, Vogel-Nistkästen und Fledermaus-Kästen angebracht.

» ES WIRD DARAUF GEACHTET, DASS IM HOCHSOMMER, SPÄTSOMMER UND HERBST NOCH ETWAS IM GARTEN BLÜHT, WENN DIE INSEKTEN IN DER LANDSCHAFT SOWIE AUF DEN WIESEN UND FELDERN NICHTS MEHR FINDEN. «

Im Innenhof befinden sich Schwalbennester für Rauch- und Mehlschwalbe. Außerdem wird seit den trockenen Sommern darauf geachtet, dass Wasserstellen für Insekten und Igel zur Verfügung stehen. Der Erhalt der Artenvielfalt wird als sehr wichtig erachtet. In insektenfreundlichen Gärten stehen Lebensräume und Futter in großer Vielfalt zur Verfügung. Um den Biotopverbund in der freien Landschaft zu fördern, plant die Familie die Anlage eines rund 900 Meter langen Blühstreifens mit einer Breite von etwa sechs Metern.

Berglauch *(Allium senescens)*

Gute Bienenweide: Berglauch ist eine pflegeleichte, winterharte Zwiebelpflanze für Steingarten und Trog. Die purpurrosa Tuff-Dolden blühen ausdauernd und relativ spät von Juli bis September. Die Wuchshöhe beträgt 20 bis 40 Zentimeter. Dekorativ ist auch das grasähnliche Blattwerk, welches in milden Wintern erhalten bleibt beziehungsweise nach kalten Wintern neu austreibt. Ein Schnitt ist nicht erforderlich. Die Pflanze mag einen trockenen, gut durchlässigen Standort in sonniger Lage.

FORMEN, FARBEN UND DÜFTE

Für die Renovierung des denkmalgeschützten Hauses bekam das Ehepaar 2017 den Bayerischen Staatspreis überreicht. Aber auch der Garten ist preisverdächtig: Mit Kreativität und viel Liebe zum Detail wurden naturnahe und farbenfrohe Räume geschaffen. Das gefällt auch Feuersalamander und Ringelnatter.

DER GARTEN VON TERESA WIECHOVA UND ARMIN KOLLINGER

Standort: Plankstetten/Berching (Landkreis Neumarkt)

Grundstück: 1600 qm

Beschreibung: Der Garten bringt zusammen mit dem sanierten Wohnstallhaus aus dem Jahr 1730 Kultur und Natur in harmonischer Weise in Verbindung. Stauden, Rosen und alte Obstbäume harmonieren mit Gräsern und Trockenmauern.

Der 1600 Quadratmeter große Hanggarten bietet einen einmaligen Blick über das Sulztal und verzaubert sofort jeden Besucher. Alte Obstbäume wurden erhalten und schaffen zusammen mit weiteren Gehölzen einen nahtlosen Übergang in den angrenzenden Wald. „Der Quellhorizont entlang der Schichtgrenze zwischen Braun- und Weißjura sorgt in unserem Garten für viel Feuchtigkeit. Feuersalamander, Schnecken, Blindschleichen und Ringelnattern fühlen sich deshalb bei uns sehr wohl", berichtet Armin Kollinger, „und unsere Trockenmauern geben vielen Tieren ein Zuhause." Als studierter Geologe und Biologe kennt er diese fachlichen Zusammenhänge und freut sich, wenn sogar geschützte Tierarten von der naturnahen Gestaltung des Grundstücks profitieren.

Denkmalschutz und Garten im Einklang.

„In meiner Heimat Tschechien bin ich in einem Garten in der Nähe von Prag aufgewachsen," erzählt die diplomierte Designerin. „Hier in Plankstetten kann ich jetzt meine Liebe zu den Stauden ausleben." Ihre Vorliebe gilt aber auch den Rosen, die sie geschickt mit den passenden

Auch der Feuersalamander fühlt sich wohl.

Die Gartenbesitzer in ihrem grünen Paradies.

Bergenien *(Bergenia)*

Bergenien sind robuste Blattschmuckstauden, deren Wildformen aus Ostasien stammen. Mit ihren lederartigen großen Blättern, die sich im Winter teilweise rötlich verfärben, bringen sie – besonders in Gruppen gepflanzt – reichlich Struktur in den Garten. Sie gedeihen sowohl in voller Sonne als auch an einem absonnigen Platz. Bergenien vertragen erstaunlich viel Trockenheit, eignen sich aber auch für frische bis feuchte Standorte. Mit ihren prächtigen Blüten bringen sie im zeitigen Frühjahr viel Farbe in den Garten, von Weiß über Rosa bis Magenta. Manche Sorten blühen auch ein zweites Mal im Herbst. Teresa Wiechova vermehrt ihre Bergenien, indem sie ausgebrochene Seitentriebe einfach einpflanzt. *(Flach-Wittmann)*

Begleitstauden wie Frauenmantel, Lavendel und filigranen Gräsern kombiniert. Und die eine oder andere Kletterrose darf auch mal einen alten Obstbaum als lebendige Rankhilfe nutzen. Die duftenden Rosenblüten werden dann zu aromatischer Rosenmarmelade verarbeitet.

Die Hangbepflanzung mit Stauden kommt auch bei Insekten gut an.

GARTENWISSEN

Pflanzenauswahl: Boden und Standort wichtig

Die Pflanzen wachsen dort am besten, wo sie ihre ursprünglichen Standortverhältnisse vorfinden. Unser Garten liegt am Hang an der Grenze zwischen braunem und weißem Jura. Zahlreiche kleine Schichtquellen durchfeuchten ganzjährig den überlagernden Kalkstein-Hangschutt, auf dem sich eine nährstoffreiche Humusschicht gebildet hat. Aufgrund der Hangneigung und des skelettreichen Hangschutts bildet sich keine Staunässe. Speziell für Bergenien, aber auch für viele andere Pflanzen sind dies optimale Lebensbedingungen.
(Armin Kollinger)

Das Ehepaar lässt den Garten ständig weiterwachsen und es entstehen immer neue vielfältige Pflanzengemeinschaften, die sich auch mal naturgemäß weiterentwickeln dürfen. „Seitdem wir angefangen haben, Stauden und Sträucher zu pflanzen, spüren wir deutlich, wie jedes Jahr mehr Insekten und Vögel bei uns leben", schwärmt Teresa Wiechova. Pflegeleichte wildere Ecken finden sich ebenso wie harmonisch gestal-

» SEITDEM WIR ANGEFANGEN HABEN, STAUDEN UND STRÄUCHER ZU PFLANZEN, SPÜREN WIR DEUTLICH, WIE JEDES JAHR MEHR INSEKTEN UND VÖGEL BEI UNS LEBEN. «

tete Motive, die liebevoll gepflegt werden. Und natürlich kommt die Selbstversorgung mit Gemüse auch nicht zu kurz. 2020 konnten die ersten eigenen Kartoffeln geerntet werden. Das macht Lust auf mehr!

Teresa Wiechova arbeitet als Grafikerin, Malerin und Kunstpädagogin: „Der Garten ist meine Inspiration!" Ihre Liebe zu den Staudenbeeten spiegelt sich in den vielen floralen Motiven ihrer Bilder wider. „Die Entwicklungsprozesse der Pflanzen in den verschiedenen Jahreszeiten faszinieren mich genauso wie deren Duft oder die flirrende Luft eines Sommerabends." Ihre Liebe zur Grafik und Malerei gibt sie auch an Kinder und Jugendliche bei verschiedensten Kunstprojekten, Zeichen- und Malkursen weiter. Und die Liebe zum Garten? „Die haben wir mit zahllosen Besuchern beim Tag der offenen Gartentür geteilt," meint Armin Kollinger und ergänzt: „Wir freuen uns, wenn unser Garten eine Inspiration auch für andere Gärtner ist."

(Text: Flach-Wittmann/Wiechova)

GARTENWISSEN BEWAHREN

Loganbeere und Schisandra sind nicht die einzigen kulinarischen Raritäten im Garten von Cora Leroy. Denn ihr Hobby ist es, gegen den Verlust von biologischer Vielfalt anzukämpfen. Und so wird hier das Gartenglück mit samenfesten Sorten im Nutzgarten erlebt.

DER GARTEN VON CORA LEROY

Standort: Weihersdorf/Mühlhausen an der Sulz (Landkreis Neumarkt)

Beschreibung: Dieser Garten hat keinen Zaun, dafür eine grandiose Fernsicht. Die Gehölze blühen weiß oder rot – in den Farben des Hauses. Der Gemüsegarten dient nicht nur der Versorgung mit frischem Gemüse, sondern vor allem der Erhaltung alter Kulturpflanzen.

» FRÜHER HATTE MAN KEINE ANDERE WAHL, MAN HAT DEN SAMEN DES EIGENEN GEMÜSES GEERNTET, UM IM NÄCHSTEN JAHR WIEDER ANBAUEN ZU KÖNNEN. «

Der Garten von Cora Leroy und ihrem Lebenspartner liegt am südwestlichen Ortsrand von Weihersdorf, einem Ortsteil von Mühlhausen an der Sulz.
Der Garten wird ganzjährig genutzt und wurde deswegen als Wohngarten ausgestaltet. Den Gartenbesitzern war es wichtig, eine optische Einheit zwischen Haus, Garten und Umgebung herzustellen. Deshalb wurde auf einen Zaun oder eine Hecke verzichtet.

Auffallend ist hingegen die umlaufende Staudenrabatte, grenzt doch der Garten direkt an einen Fuß- und Fahrradweg. Dieser nahtlose Übergang in die freie Landschaft lässt den Garten großzügiger erscheinen. Von der überdachten Terrasse aus kann man den Blick in die Umgebung, zum Beispiel zum Schlüpfelberg und zum Sulzbürg, schweifen lassen.
Die nördliche Grundstruktur des Gartens bilden Gehölze, welche bewusst rotlaubig, weißblühend oder

Vorsichtig über das Saatgut pusten: Cora Leroy bei der Samengewinnung.

fruchttragend ausgesucht wurden und so mit den Farben des Niedrigenergiehauses korrespondieren: zum Beispiel Blutpflaume und Rote Zellernuss.

Die Gartenbesitzer freuen sich über die Wuchskraft ihrer Stauden, Straucher und Bäume.

Rote Zellernuss
(Corylus avellana)

Als Wildgehölz im Garten ist die Rote Zellernuss (Rotblättrige Haselnuss) bei Vögeln und Insekten sehr beliebt. Denn sie ist einer der frühesten Frühjahrsblüher. Die dunkelroten Kätzchen zeigten sich schon im März und damit um einige Zeit früher, als sich die bronzeroten Blätter bilden. Diese nehmen im Laufe des Sommers einen grünlichen Ton an. Dadurch fallen dann die Nüsse besser auf, bei denen nicht nur die Schale, sondern auch das Fruchtfleisch rot gefärbt ist. Der Strauch wächst etwa drei Meter hoch und fast ebenso breit und verträgt auch einen starken Rückschnitt gut.

Die Süd-West-Ecke des Grundstücks wird durch schlank bleibende, italienisch anmutende Gehölze geschützt: Säuleneiche und Säulenblutbuche lassen vom Urlaub im Süden träumen. „Mir war es bei der Gestaltung vor allem wichtig, essbare Pflanzen im Garten zu haben", erzählt die Agraringenieurin. Deshalb wurde nicht nur heimisches Obst, sondern auch eine Maibeere, ein Maulbeerbaum, Loganbeeren (Kreuzung zwischen Brombeere und Himbeere) und sogar Schisandra (Chinesische Beerentraube) gepflanzt. Selbst im Staudenbeet finden sich kulinarische Köstlichkeiten. Die jungen Blätter der Taglilien können wie Lauch zubereitet werden, und auch der Giersch landet im Kochtopf, interessanterweise in der gelbgrün panaschierten Form, wie er auch in England gepflanzt wird.

Der Hausherr ist der Künstler und Handwerker im Haus. Er arbeitet am liebsten mit Metall. In den Staudenbeeten finden sich viele kunstvoll geschmiedete Stäbe, die gleichzeitig als Gerüst zum Anbinden der Stauden dienen. Vor der Terrasse werden die Rosen durch selbst entworfene Pylone gestützt. Eine Besonderheit ist eine einstellbare Sonnenuhr. „Sie kann sogar von Normal- auf Sommerzeit umgestellt werden", sagt der Hobbykünstler schmunzelnd.

Samen für den Eigenbedarf: Der Gemüsegarten dient nicht nur der Versorgung mit frischem Gemüse, sondern vor allem der Erhaltung alter Kulturpflanzen. Sowohl bekannte Gemüsearten wie auch unbekannte Raritäten aus Großmutters Garten dürfen hier munter blühen und

Samenstand der Bamberger Melde bei Frost.

Der Nutzgarten mit Gemüse und alten Kulturpflanzen.

Staudenmix gepaart mit Schmiedekunst. Hier dürfen sich Pfingstrosen und Co. gerne anlehnen.

fruchten. „Früher hatte man keine andere Wahl, man hat den Samen des eigenen Gemüses geerntet, um im nächsten Jahr wieder anbauen zu können", weiß die versierte Hausgärtnerin. Heute haben große Konzerne das Zepter in der Hand, Hochzuchtgemüse zu vermehren. Um dem Aussterben der alten Pflanzenschätze entgegenzuwirken, engagiert sich Cora Leroy in verschiedenen Vereinen und veröffentlicht ihr Wissen auf ihrer Homepage. Hier hat sie die Erfahrungen zu ihrem ungewöhnlichen Hobby zusammengetragen. Ein Hobby, das in früherer Zeit ganz selbstverständlich war.
(Text: Flach-Wittmann/Leroy)

Gartenmelde *(Atriplex hortensis)*

Noch vor 150 Jahren verwendete man viel mehr Spinatpflanzen als heute. Neben dem echten Spinat kamen der Neuseeländer Spinat und die Gartenmelde auf den Tisch. Während sich der Neuseeländer Spinat bis heute als Exot in den Gärten halten konnte, ist der Anbau von Melden nahezu in Vergessenheit geraten. Käuflich kann man nur im speziellen Handel Saatgut der roten, gelben und der grünen Melde erwerben. Die ganz besondere rot-grüne und dickfleischige 'Bamberger Melde' darf aufgrund des Saatgutverkehrsgesetzes nicht gehandelt werden. Ich habe diese Kostbarkeit von einer Freundin geschenkt bekommen. Für den Erhalt darf keine andere Sorte gleichzeitig angebaut werden, damit es bei der windbestäubten Melde nicht zu Kreuzungen kommt. Die Aussaat erfolgt im zeitigen Frühjahr ab März als Direktsaat. Als Gemüse nutzt man die Pflanze im Rosettenstadium. Wenn man sie blühen lässt, dann entwickeln sich bis zum September etwa 1,80 Meter hohe, reich verzweigte Pflanzen. Die Samenernte erfolgt bei trockenem Wetter, wenn die „papierumhüllten" Samen steinhart geworden sind. *(Text: Cora Leroy)*

STAUDEN MACHEN VIELFALT

Kreisfachberatung für Gartenkultur und Landespflege am Landratsamt Neumarkt

Susanne Flach-Wittmann

Meine Liebe zu den Stauden wurde in der Kindheit gelegt. Meine Welt war die Großstadt und am Wochenende ein Kleingarten, den mein Vater mit viel Liebe zum Detail anlegte. Da gab es alte Obstbäume, die mit Schattenstauden unterpflanzt waren, eine Heide-Ecke, ein Wasserbecken und sonnige Staudenrabatten entlang des Plattenweges. An die Insektenwelt dachten damals höchstens die Imker, aus heutiger Sicht hat mein Vater jedoch alles richtig gemacht. Er nutzte die Kompetenz einer renommierten Staudengärtnerei, nach deren Plan er den Garten vielfältig gestaltete.

Was sind eigentlich Stauden?
Stauden bereichern unsere Gärten wie keine zweite Pflanzengruppe. Sie sind winterhart und bringen Vielfalt, Farbe und Struktur ins Beet. Aber welche Pflanzen zählen überhaupt zu den Stauden? Es lohnt sich durchaus, diese Frage zu stellen, vieles erschließt sich aus der Definition. Stauden sind mehrjährige, ausdauernde Gewächse mit oberirdisch nicht verholzten, also krautigen Pflanzenteilen, die im Herbst absterben. Ausnahmen sind hier alle wintergrünen Stauden, wie Purpurglöckchen oder Immergrün. Aber wie überdauern Stauden den Winter, wenn sie oberirdisch absterben? Hier gibt es mehrere Varianten. Die meisten überstehen die kalte Jahreszeit, indem sie ihre Kräfte in den Wurzelstock zurückziehen wie z.B. der Phlox. Pfingstrosen überwintern mithilfe von verdickten Rhizomen, Anemonen mit Knollen, Narzissen oder Tulpen mit Zwiebeln. Blumenzwiebeln gehören also botanisch gesehen auch zu den Stauden. Neben den winterharten Blütenstauden werden häufig Farne, Ziergräser, Heil- und Gewürzkräuter, Duftstauden und Wasserpflanzen als eigene Kategorien gelistet.

Funken & Co. am Gehölzrand.

Gartengestaltung mit Stauden
Gehölze zählen zum Grundgerüst eines Gartens. Bäume und Solitärsträucher fungieren als Raumbildner. Geschnittene oder freiwachsende Hecken sind dauerhafte Gestaltungselemente, die das ganze Jahr hindurch ihre Rolle spielen, zum Beispiel als Sichtschutz. Mit Stauden können wir Akzente setzen, modern oder traditionell, einfarbig oder bunt. Im Umgang mit Stauden steckt viel Kreativität. Der Künstler malt Bilder mit Farben, der Gärtner lässt lebendige Gartenbilder entstehen, die sich mit Stauden und ihrer Vielfalt an Kombinationsmöglichkeiten unglaublich bereichern lassen.

Dreiklang aus Pfingstrose, Frauenmantel und Storchenschnabel.

Die Standortfrage

Es gibt beliebte, „einfache" Standorte für Stauden wie zum Beispiel das sonnige Terrassenbeet oder die Kräuterspirale. Aber auch für den scheinbar schwierigen Problem-Standort gibt es Möglichkeiten. Trockenen Schatten zum Beispiel hält sicher nicht jede Staude aus, aber die Goldnessel, der kleine Kaukasus-Beinwell, Bergwald-Storchschnabel oder Schattensegge sind einen Versuch wert. Probieren geht über Studieren und eine gute Beratung in einer Staudengärtnerei ist hier Gold wert!

Ob trocken oder feucht, sonnig oder schattig, nährstoffarm oder -reich, für jeden Standort scheint es also die richtigen Stauden zu geben. Um diese Standortansprüche überschaubar zu halten, wurden in Anlehnung an die Verhältnisse in der Natur bestimmte Lebensbereiche formuliert. Der schlaue Gärtner richtet sich nach diesen Lebensbereichen. Wald- oder Gehölzrandstauden wie Funkien und Astilben brauchen Schatten oder Halbschatten, je feuchter der Boden, umso mehr Sonne wird vertragen.

Beet- oder Prachtstauden wie Rittersporn und Brennende Liebe sind Pflanzen für offene Böden mit regelmäßiger Nährstoff- und Wasserversorgung, also prädestiniert für einen Platz im Bauerngarten neben Gemüse und Kräutern. Steppenpflanzen brauchen hingegen einen durchlässigen, nährstoffarmen und eher trockenen Boden in voller Sonne … vielleicht der Lebensbereich der Zukunft im Zeichen des Klimawandels?

Artenvielfalt und Attraktivität

Wer wünscht sich nicht einen pflegeleichten Garten, der das ganze Jahr über attraktiv ist! Sterile Schotterwüsten sind langfristig gesehen weder pflegeleicht und erst recht nicht attraktiv. Hoffentlich gehört diese Ära bald der Vergangenheit an! Für den umsichtigen Gartenbesitzer, der sich den Erhalt der Schöpfung auf die Fahnen geschrieben hat, kann ein Garten nur dann attraktiv sein, wenn er für alle Lebewesen etwas bietet. Einfach blühende Stauden sind auf jeden Fall ein Garant für Insektenvielfalt und tragen damit zur Erhaltung der Artenvielfalt bei. Stauden blühen zu jeder Jahreszeit, im Winter Schneeglöckchen und Christrosen, im Frühling Gedenkemein und Schwertlilien, im Sommer Mädchenauge und Sonnenhut und im Herbst Astern und Chrysanthemen.

Nachhaltigkeit beim Gärtnern

Nachhaltiges Gärtnern mit der Natur ist mir im eigenen Garten genauso wichtig wie in meinem beruflichen Wirkungsfeld. Die Stauden sind hier ein wichtiger und attraktiver Baustein für die Umsetzung dieser Ziele. Staudenvielfalt gehört nicht nur in jeden Hausgarten, sondern auch auf öffentliche Flächen in Städten und Gemeinden, auf jedes Schulgelände und in jedes Seniorenheim. Auch Lehrgärten oder Rosengärten profitieren von den nahezu unbegrenzten Verwendungsmöglichkeiten von Stauden. Mit nachhaltigen Pflanzkonzepten geht ein sparsamer Umgang mit unseren Ressourcen einher. Mäßiges Wässern, der Verzicht auf Torf und chemischen Pflanzenschutz und eine sinnvolle Kreislaufwirtschaft mit organischer Düngung sollten selbstverständlich sein.

In meiner langjährigen Tätigkeit als Kreisfachberaterin für Gartenkultur und Landespflege habe ich eines gelernt. Vorbild sein für andere ist eine Haltung, die Wirkung zeigt, vielleicht nicht heute oder morgen, aber spätestens übermorgen!

Ich denke gern an meine Kindheit zurück, als mein Vater uns Kindern begeistert Funkien, Farne und Waldgeißbart näherbringen wollte, zunächst mit mäßigem Erfolg. Schattenstauden zählen heute zu meinen Lieblingsstauden. Und eines ist sicher: Im nächsten Leben werde ich Staudengärtnerin!

Susanne Flach-Wittmann
Kreisfachberatung für Gartenkultur und Landespflege am Landratsamt Neumarkt

DER KINDGERECHTE GARTEN

Fachberatung für Gartenkultur und Landespflege am Landratsamt Regensburg

Christine Gietl

Unsere Gärten sind so vielfältig und unterschiedlich wie ihre Besitzer und mit die wichtigste Frage bei der Neuanlage oder Umgestaltung ist die nach den Bedürfnissen der Nutzer. Kinder sind dabei diejenigen Nutzer, deren Bedürfnisse sich am schnellsten ändern. Deshalb sollte der Familiengarten mitwachsen können und Änderungen zulassen, ohne dass die Grundstruktur verloren geht.

Während Kleinkinder ihre Umwelt ertasten, Bewegungsabläufe üben und langsam ihren Aktionsradius erweitern, haben Schulkinder oft enormen Bewegungsdrang und wollen toben, klettern und schaukeln. Sie brauchen aber auch Rückzugsmöglichkeiten und Verstecke, um Geheimnisse auszutauschen, wollen experimentieren und die Natur beobachten. Teenager hingegen haben ihre Freizeitaktivitäten oft in einem Verein organisiert, treffen sich mit Freunden außerhalb und nutzen den eigenen Garten eher zum Chillen.

Völlig unkompliziert und ganz nebenbei bietet ein Garten die Möglichkeit, die kindliche Entwicklung von klein auf zu fördern, denn hier werden alle Sinne angesprochen:

- Bunte Blüten und kleinste Krabbeltiere z.B. fördern das genaue **Hinsehen.**
- Vogelgezwitscher, Laubrascheln oder Wassergeplätscher schulen das **Gehör.**
- Jahreszeiten kann man **riechen**: Denken Sie an die Holunderblüte im Frühjahr, den sommerlichen Rosenflor oder den Duft reifer Quitten im Herbst.
- Vielfältigste Materialien und Texturen werden **tastend** „begriffen“ und
- das ganze Jahr hindurch kann man sich Obst, Gemüse und Beeren **schmecken** lassen. Im eigenen Kinderbeet angepflanzt lernt man ganz nebenbei, sich um eine Sache über längeren Zeitraum zu kümmern und dass jede Frucht, jede Blüte ihre Zeit hat.

Betrachtet man die unterschiedlichen Arten von Kinderspiel, ergeben sich folgende Anforderungen:

- Für Bewegungsspiele wie Fußball oder Fangen ist eine Rasenfläche sinnvoll, zum Schaukeln, Klettern oder Balancieren reicht oft ein geeigneter Ast in einem alten Obstbaum.
- Mit Naturmaterialien wie Kastanien, Bucheckern oder Blüten lassen sich die tollsten Sachen basteln, mit Sand, Wasser, Steinen und Stöcken Wasserläufe herstellen und Matschknödel kochen. Der Phantasie sind hier keine Grenzen gesetzt.
- Rückzugsmöglichkeiten wie Baumhäuser, Weidentipis oder eine Hängematte zwischen zwei Bäu-

Gartenräume – Kinderträume:

Platz zum Toben, viel zu entdecken, vielleicht ein eigenes Gemüsebeet und das Spielhäusl gut versteckt im hinteren Bereich – mehr braucht es nicht für einen kindgerechten Garten.

Ein geschützter Platz unterm Nussbaum: Gut abgeschirmt vor Einblicken – hier können Kinder ungestört spielen, Streiche aushecken, sich zurückziehen…

Kinderbereich: Ein eigener Bereich für Kinder – hier redet kein Erwachsener drein, hier darf auch mal was liegen bleiben.

men bieten Raum zum Lesen, Träumen und Verstecken.

- Naturgärten mit unterschiedlichsten Lebensräumen und großer Artenvielfalt bieten kleinen Forschern täglich neue Entdeckungen.

Ein kindgerechter Garten sollte aber auch ein geschützter Raum sein. Einfriedungen, wie Zäune oder Hecken, schützen vor unbemerktem Verlassen/Betreten des Grundstücks und eventuellen Gefahren im Straßenraum. Der Spielbereich für die Kleinsten (z.B. der Sandkasten) sollte auch dann im Blickfeld bleiben, wenn man gerade das Essen auf dem Herd hat oder das Telefon läutet. Und natürlich sollten gefährliche Gartenwerkzeuge außerhalb der Reichweite von Kindern aufbewahrt werden.

Bei der Bepflanzung ist darauf zu achten, dass man auf giftige Pflanzen mit attraktiven Früchten wie z.B. das Pfaffenhütchen, den Aronstab oder das Maiglöckchen auch im Ziergarten verzichtet. Denn die werden auch mal zum Spielen verwendet und landen dann zufällig im Mund. Genauso wichtig aber ist es, die Kinder rechtzeitig fit zu machen, welche Pflanzen essbar und lecker bzw. welche ungefährlich sind und von welchen man die Finger lassen sollte. Neben den Inhaltsstoffen können auch Stacheln und Dornen für Kinder eine Gefahr darstellen. Sogenannte „bewehrte" Sträucher sind zwar für Vögel attraktive Nistplätze, sollten aber nicht im Bewegungsfeld von Kindern gepflanzt werden.

Egal ob Sie gekaufte Spielgeräte in Ihrem Garten aufstellen, selbst ein Baumhaus bauen oder ein Brett als Schaukel an den Baum hängen: Denken Sie an geeigneten Fallschutz, Brüstungen und – bei schwingenden Geräten – an die entsprechenden Sicherheitsbereiche frei von spitzen und scharfkantigen Objekten. Gute Spielgeräte sind TÜV-geprüft und haben eine detaillierte Einbauanweisung.

Wasser im Garten ist eine wunderbare Sache und hat für Kinder einen sehr hohen Spielwert. Ein simpler Quellstein – der auch optisch was hermacht und eine wunderbare Vogeltränke ist – reicht den Kleinsten zum Planschen und es besteht keine Gefahr hineinzufallen. Später ein Planschbecken oder ein Schwimmteich? Alles zu seiner Zeit, aber den Platz dafür kann man ja schon mal vorsehen und hier nicht gerade den Apfelbaum hinpflanzen.

Schön, wenn der Garten groß genug ist, dass die Kinder ihren eigenen Bereich haben. Hier bestimmen sie, welches phantasievoll gebastelte „Piratenschiff" stehen bleiben muss, hier darf auch mal Spielzeug liegen bleiben, obwohl auf der Terrasse Gäste bewirtet werden. Das entspannt Eltern und Kinder und es ist einfacher, klare Regeln für die unterschiedlichen Bereiche aufzustellen.

Zu guter Letzt ein ganz persönlicher Appell: Verzichten Sie auf quietschbunte Plastikspielgeräte, die oft nicht einmal ein Kind überleben, bevor sie brechen, mit scharfen Kanten ihr Kind gefährden und schließlich als nicht verrottbarer Müll die Umwelt belasten. Und: Braucht wirklich jedes Kind sein eigenes, gartenfüllendes Trampolin oder seine eigene Rutsch-Kletter-Schaukel-Kombination, auf der es für sich alleine vorgegebene Bewegungsabläufe exerziert? Der Spielplatz in der Nähe bietet solche Geräte inklusive regelmäßiger Sicherheitsüberprüfung kostenlos und ganz nebenbei noch die Möglichkeit, neue Bekanntschaften zu schließen.

Christine Gietl,
Fachberatung für Gartenkultur und Landespflege, Landratsamt Regensburg

VOM GLÜCK DES EIGENEN GEMÜSEGARTENS

Heidi Schmid

Kreisfachberatung für Gartenkultur und Landespflege am Landratsamt Schwandorf

„Garteln ist in“ – Dieser Trend der letzten Jahre zeigt sich coronabedingt noch deutlicher. Die Beschäftigung im eigenen Garten hat viele Vorteile, sie ist nahezu uneingeschränkt möglich, der Aufenthalt im Freien tut Körper und Seele gut und Gartenarbeit lässt so manche Sorgen in den Hintergrund rücken. Immer mehr Gartenfreunde genießen es, selbst Gemüse anzubauen, frische Kräuter zu ernten und Naschobst direkt vom Baum oder Strauch zu pflücken. Frisch geerntetes Gemüse aus dem eigenen Garten ist im Geschmack unschlagbar und es hat den höchsten Gehalt an Vitaminen, Mineralstoffen und „sekundären Inhaltsstoffen“, deren gesundheitsfördernde Bedeutung Ernährungswissenschaftler besonders hervorheben.

Gemüseanbau im Hochbeet ist besonders beliebt.

Zu den sekundären Pflanzeninhaltsstoffen zählen auch viele Farbstoffe, am bekanntesten ist der hohe gesundheitliche Wert von „Lycopin“, dem roten Farbstoff der Tomate. Nicht zu vernachlässigen ist auch der immense Transportaufwand, mit dem die Gemüseregale im Handel gefüllt werden und der bei Selbstversorgung entfällt.

Erfolgreicher Gemüseanbau im eigenen Garten erfordert eine gute Planung, bei der folgende Faktoren berücksichtigt werden: Wie viel Fläche steht zur Verfügung? Welche Standortfaktoren sind vorhanden? Wie viel Zeit kann ich investieren? Welche Gemüsearten und -sorten werden bevorzugt? Wie hoch ist der Gemüseverbrauch?

Bei den meisten Hobbygärtnern ist die Ernte aus dem eigenen Garten eine wertvolle Ergänzung zum Gesamtverbrauch, begrenzender Faktor gegenüber der Selbstversorgung ist in erster Linie die zur Verfügung stehende Fläche. Diese variiert vom

Dieser große, ländliche Nutzgarten ist nicht nur eine Augenweide, er versorgt die Familie fast vollständig mit gesundem Gemüse.

Balkonkasten oder einem Hochbeet bis zu mehreren Gemüsebeeten mit Kleingewächshaus. Mit einigen Tricks kann aber auch auf kleinen Flächen ein großer Ertrag erzielt werden.
So wurden speziell für den Hobbybereich Sorten entwickelt, die entweder schnellreifend sind oder von denen man lang ernten kann.
Ein früher Anbaubeginn ist bereits ab März mit verschiedenen Salaten, Spinat, Radieschen und Kohlrabi möglich. Besonders zu empfehlen ist Schnittsalat in Kombination mit der Kultur von „Salatköpfen". Schnittsalat hat eine Kulturdauer von etwa vier bis fünf Wochen, eine mehrmalige Ernte ist möglich. Mit dem Einsatz von Vlies erreicht man eine zusätzliche Ernteverfrühung.

Tomaten lieben einen warmen, geschützten Standort mit Regenschutz.

Ab Mai, nach den Eisheiligen, folgen Fruchtgemüse wie Tomaten, Gurken, Zucchini und Paprika. Wer ganz bestimmte oder seltene Sorten anbauen will, muss ab Mitte Februar die Jungpflanzen selbst heranziehen. Tomaten sind das am häufigsten angebaute Gemüse in Töpfen auf Balkon und Terrasse. Ein nach Süden ausgerichteter, sonniger, warmer, etwas geschützter Standort ist ideal, am besten noch vor einer Hauswand. Diese speichert Wärme und gibt sie in den Nachtstunden wieder ab. Ein Dachvorsprung, ein Vordach oder eine Terrassenüberdachung bieten Regenschutz und helfen so, Kraut- und Braunfäule vorzubeugen. Für die Kultur von wärmebedürftigen Tomaten, Paprika und Gurken ist in unserer doch eher rauen Oberpfalz der Anbau im Kleingewächshaus ideal.
Als Folgekulturen auf den Beeten der Frühjahrskulturen oder als Lückenfüller in Zucchini- und Gurkenbeeten können von Juli bis September unterschiedliche Salate, Endivien, Zuckerhut, Bohnen, Blumenkohl und Brokkoli gepflanzt werden.

Zur Herbstaussaat eignen sich vor allem Feldsalat, Spinat und Radieschen. Je nach Witterung sollten die Herbstkulturen ab Oktober mit Vlies geschützt werden. Die späten Sätze von Salat und Spinat überwintern unter der Vliesabdeckung bis zur Ernte im zeitigen Frühjahr.
Jeder Hobbygartler muss für sich selbst entscheiden, welche Gemüsearten zu welcher Jahreszeit im eigenen Garten kultiviert werden sollen. Mir persönlich ist die Selbstversorgung für meine Familie mit frischem Gemüse von Frühjahr bis Herbst wichtig. Tomaten, Gurken, Zucchini und Paprika kaufe ich, dank meines großzügigen Gewächshauses, nur ganz selten außerhalb der Saison. Für Winter- und Lagergemüse wie Weiß- und Blaukraut, Wirsing, Sellerie, Zwiebeln, Rote Bete, Lauch und Karotten ist die eigene Gemüsegartenfläche zu gering. Das beziehe ich saisonal vom regionalen Gemüsegärtner.

Heidi Schmid, Kreisfachberatung für Gartenkultur und Landespflege am Landratsamt Schwandorf

HEIL- UND GEWÜRZKRÄUTER IM GARTEN

Kreisfachberatung für Gartenkultur und Landespflege am Landratsamt Cham

Renate Mühlbauer

In der heutigen Zeit, in der großer Wert auf eine gesunde Ernährung gelegt wird, gewinnen auch Heil- und Gewürzkräuter verstärkt an Interesse. Kräuter bilden bereits seit dem Altertum beliebte und unverzichtbare Würzmittel und sind auch aus der modernen Küche nicht wegzudenken. Viele der Kräuter können auch gleichzeitig helfen, kleine Alltagsleiden mit den Heilkräften der Natur zu lindern, zu heilen oder vorbeugend zu behandeln. Das Wort „Kräuter“ steht auch vielfach als Inbegriff für Würze und Gesundheit. Viele der bewährten Heil- und Gewürzkräuter sowie ihre Anwendung sind heute aber kaum noch bekannt.

Die Blutwurz (Potentilla erecta) ist im Bayerischen Wald verbreitet.

Gewürzkräuter verfeinern unsere Speisen. Richtiges Würzen macht Speisen bekömmlicher, fördert die Verdauung und das Wohlbefinden. Viele der bekannten Gewürzkräuter können auch bei der Zubereitung heilsamer Kräutertees Verwendung finden. So sind z. B. Melisse, Salbei und Thymian nicht nur würzige Küchenkräuter; Salbei- und Thymiantee wirken entzündungshemmend und werden, wie allseits bekannt, besonders bei Entzündungen im Mund- und Rachenraum mit Erfolg verwendet. Aber auch Essige und Öle lassen sich durch das Einlegen von Kräutern geschmacklich verbessern, insbesondere mit Estragon, Basilikum, Rosmarin, Ananassalbei oder Thymian.

Der Echte Thymian (Thymus vulgaris) ist Küchenkraut und Heilpflanze.

Heil- und Gewürzkräuter sind nicht nur ein unverzichtbarer Bestandteil in der Küche, sondern gehören auch in jeden Garten. Blühender Lavendel z. B., aber auch Borretsch, Dill, Kamille, Salbei, Thymian und Ysop bilden einen anspruchslosen und ausgesprochen hübschen Blumenschmuck. Die Blüten erfreuen nicht nur den Menschen, sondern bieten auch heimischen Tieren wie Bienen, Hummeln und vielen anderen Insekten lebenswichtige Nahrung. Der Anbau von Kräutern bereichert somit jeden Garten.

Einige der gängigen Heil- und Gewürzkräuter wie Pfefferminze, Schnittlauch und Petersilie sind bekannt. Es gibt jedoch eine Vielzahl von Pflanzen, deren Bedeutung auch im Hausgarten wiederentdeckt werden sollte, so z. B. Ysop, Eberraute, Weinraute, Beifuß, Spitzwegerich, Pimpinelle und viele andere mehr. Zum Kennenlernen gehören diese Pflanzen eigentlich wieder in jeden Garten und auch in jeden Schulgarten.

Die meisten Kräuter benötigen einen sonnigen Standort und einen wasserdurchlässigen Boden. Ein Rückschnitt der Pflanzen im Frühjahr und nach der Blüte fördert den Neuaus-

trieb, so dass ein kompakter Wuchs erhalten bleibt.
Manche der bekannten Gewürzkräuter, wie Rosmarin, Zitronenverbene, Ananassalbei, Strauchbasilikum oder Lorbeer, sind in unseren Breiten nicht völlig winterhart. Viele dieser Kräuter stammen aus mediterranen Ländern und vertragen keine starken Fröste. Diese Kräuter können in einem hellen und kühlen, aber frostfreien Raum überwintert werden.

Als sehr praktisch hat sich bewährt, die Kräuter im Nutzgarten am Beetrand entlang des Hauptweges anzupflanzen. Dort sind sie bei Bedarf schnell erreichbar und bequem zu ernten. Diese Kräutereinfassung ist praktisch und hübsch zugleich. Von Interesse ist auch die Anlage einer Kräuterspirale, bei der die wichtigsten Heil- und Gewürzkräuter einen Platz finden. Bei Pflanzenliebhabern würde sich jedoch ein eigener kleiner Kräutergarten anbieten. Dort können auch ausgefallene Gewürzpflanzen angebaut werden, so das Mexikanische Riesen-Gewürztagetes oder die Marokkanische Minze.

Heimische Wildkräuter wie Schafgarbe, Brennnessel, Frauenmantel, Wegwarte, Echte Arnika u. v. m. gehören auch als unverzichtbarer Bestandteil einer gesunden und artenreichen Umwelt zur Natur und Landschaft. Einige Wildkräuter wie Rainfarn gedeihen an Feld- und Wegrändern. Andere, z. B. die Echte Arnika, sind vom Aussterben bedroht und dürfen nicht mehr gesammelt werden. Ein rücksichtsvoller und schonender Umgang mit der Landschaft und den Naturbestandteilen würde eine intakte und gesunde Umwelt bewahren.

Renate Mühlbauer, Kreisfachberatung für Gartenkultur und Landespflege am Landratsamt Cham

Klostergarten in Neukirchen beim Heiligen Blut: Im Apothekergarten sind die wichtigsten Heilpflanzen anhand ihrer Wirkungen zusammengestellt.

TIPPS FÜR EINEN NATURNAHEN GARTEN

Kreisfachberatung für Gartenkultur und Landespflege am Landratsamt Amberg-Sulzbach

Michaela Basler

In vielen Bereichen nimmt der Verlust der biologischen Vielfalt mittlerweile erschreckende Dimensionen an. Weltweit verschwinden einst heimische Wildpflanzen und Wildtiere unwiederbringlich aus den Ökosystemen. Doch nicht nur Wildarten, sondern auch viele, früher gängige Kultursorten von Pflanzen und Nutztierrassen sind im Rückzug begriffen (z. B. alte Apfel- oder Kartoffelsorten, Schweine- oder Rinderrassen). Viele Gartenbesitzer möchten gegen den Verlust der biologischen Vielfalt selbst etwas tun und ihren Teil dazu beitragen, dass Pflanzen und Tiere wieder Lebensraum finden. Naturnahe Gärten mit vielseitigen Strukturen können das bieten! Und ein toller Nebeneffekt: Je vielfältiger ein Garten, umso weniger Probleme wird es mit unzureichender Bestäubung und auftretenden Schädlingen und Krankheiten geben!

Eine Blumenwiese gegen das Bienensterben.

Einige Maßnahmen sind im eigenen Garten denkbar leicht umzusetzen – und erste Schritte hin zu einem artenreichen Naturgarten sind getan: Durch die Schaffung von verschiedenartigen Biotopen finden Wildarten Lebensraum, Unterschlupf und Nistmöglichkeiten. Im Steingarten und in der Trockenmauer stellen sich Bewohner wie Käfer, Wildbienen oder Eidechsen ein, am Gartenteich hingegen Libellen, Wasserläufer oder Frösche. Auch etwas Unordnung im Garten, das sogenannte „wilde Eck", das sich selbst überlassen wird, bietet Rückzugsmöglichkeiten für viele Tier- und Pflanzenarten. Naturnahe Gärtner lassen hier gerne auch die Brennnessel ungestört wachsen. Sie verwenden ihre frischen Blätter als entschlackenden Tee oder als Wildkraut-Gemüse und überlassen die übrigen Blätter über dreißig verschiedenen heimischen Schmetterlingsarten, darunter Tagpfauenauge, Kleiner Fuchs und Admiral, als Raupenfutterpflanze.

Zur Ansiedlung von verschiedenen Tierarten im eigenen Garten muss neben dem Angebot an Lebensraum auch das Nahrungsangebot erhöht werden. Dazu pflanzen naturnahe Gärtner fruchttragende sowie nektar- und pollenreiche Pflanzen. Für fruchtfressende Vogelarten sind heimische Gehölze durchschnittlich sechsmal wertvoller als exotische Pflanzen. Dasselbe gilt für Insekten, deren Larven oftmals auf wenige oder gar nur eine einzige Nahrungspflanze spezialisiert sind. Deshalb gilt im naturnahen Garten: Heimische Wildpflanzen haben Vorrang! Aber auch nicht-heimische Pflanzenarten (z. B. aus dem Mittelmeerraum) oder andere interessante Exoten locken durchaus Alleskönner wie Honigbiene und Hummel an und eignen sich deshalb für Naturbeobachtungen im eigenen Garten. Jede Pflanze, die Nahrung und Schutz bietet, ist wertvoll! Ein gutes Beispiel für den Wert von heimischen Pflanzen ist der Schwarze Holunder: Einige Dutzend Insektenarten naschen an seinen Blüten und seine Früchte werden von insgesamt 62 heimischen Vogelarten gefressen. Und auch für uns Menschen hat er vielseitige Verwendung: Holunderblütentee gegen Erkältung, Gelee und Likör aus Holunderbeeren und eine

Fette Henne ...

Hagebutte ...

Kornelkirsche ...

und einfachblühende Rose.

Holunderflöte für die Kinder! Weitere wertvolle Pflanzen wären Obstbäume, Wildrosen, bunte Kräuter oder viele Blühpflanzen mit offener Blüte! Die Forsythie leuchtet im Frühjahr in vielen unserer Gärten, ist aber nektar- und pollenarm, so dass sie für unsere heimische Insektenwelt so gut wie wertlos ist. Pflanzen Sie dafür lieber eine Kornelkirsche! Sie trägt im Frühling ebenfalls gelbe Blüten, die als willkommene frühe Nahrungsquelle für Insekten dienen. Ihre kirschroten Früchte locken dann im Spätsommer noch zahlreiche Vogelarten in unseren Garten.

Grundsätzlich werden in einem Naturgarten keine chemisch-synthetischen Dünger, keine chemischen Pflanzenschutzmittel und kein Torf verwendet. Verschiedene Studien zeigen, dass die Hausgärten oft mit Nährstoffen überversorgt sind, und eine zusätzliche Düngung mit chemisch-synthetischen Stoffen (z. B. Blaukorn) belastet das Pflanzenwachstum und die Umwelt. Eine organische Düngung aus Kompost, Hornspänen, Mulch oder selbst hergestellten Jauchen und Brühen hingegen trägt zu einem stabilen und belebten Boden bei, und die langsam frei werdenden Nährstoffe fördern das Pflanzenwachstum optimal. Chemische Pflanzenschutzmittel gegen Krankheiten und Schädlinge kommen in einem Naturgarten ebenfalls nicht zum Einsatz. Vielmehr werden Pilzkrankheiten wie beispielsweise Echter Mehltau an Apfelbäumen durch den Rückschnitt der betroffenen Pflanzenteile bekämpft. Gegen auftretende Schädlinge wie Blattläuse an den Rosenstöcken helfen in einem naturnahen Garten die zahlreichen, angesiedelten Nützlinge wie Marienkäfer oder Florfliege, zu deren Leibspeise die Blattläuse zählen. Der naturnahe Gärtner verzichtet in seinem Garten auch auf jeglichen Einsatz von Torf. Moorgebiete zählen zu den artenreichsten Ökosystemen unserer Erde. Hier leben Tiere und Pflanzen, die sich perfekt an die vorherrschenden Bedingungen angepasst haben. Der Abbau von Torf als Bodenverbesserung im Gartenbau entzieht ihnen ihre Lebensgrundlage – und letztlich werden zahlreiche spezialisierte Arten verschwinden.

Auch die Rasenpflege gehört in einem naturnahen Garten auf den Prüfstand. So sollten wenig genutzte Flächen aus der regelmäßigen Pflege genommen werden, um heimische Wild- und Blühpflanzen anzusiedeln. Dazu wird die Schnitthäufigkeit gezielt reduziert. Das dabei anfallende Mähgut darf keinesfalls auf der Fläche belassen werden, da die frei werdenden Nährstoffe die Ansiedlung von Wild- und Blühpflanzen verhindern würden.

Und abschließend noch ein weiterer Tipp, wie Sie die biologische Vielfalt in Ihrem Garten erhöhen können: Verwenden Sie auch alte Obst- und Gemüsesorten in Ihrem Nutzgarten, deren Samen Sie im besten Fall aus samenfesten Pflanzen selbst gewonnen haben.

Bäume mit alten Apfelsorten liefern besonderes Bio-Obst.

Michaela Basler, Kreisfachberatung für Gartenkultur und Landespflege am Landratsamt Amberg-Sulzbach

SO GARTELT DIE OBERPFALZ IM WINTER

Kreisfachberatung für Gartenkultur und Landespflege am Landratsamt Neustadt/WN

Maria Treiber ... und Dagmar Thimm-Böhringer

Wenn die letzten Gemüsebeete abgeerntet sind, die Tage kürzer werden und die ersten Bodenfröste Einzug halten, geht das Gartenjahr dem Ende zu. Manchem Gartenbesitzer juckt es vielleicht in den Fingern, zur Schere zu greifen, um vor dem Winter die Beete gründlich aufzuräumen oder den Garten winterfest zu machen. Trotzdem ist es Zeit, auf die vergangenen Monate zurückzublicken und seinen Garten zu genießen. Nun, da die im Sommer oft so üppige Blütenpracht fehlt, tritt das Wesentliche eines Gartens in den Vordergrund: die Struktur. Architektonische Elemente wie Natursteinmauern, eine Pergola, der Gartenzaun oder ein Pavillon tragen zur Raumbildung bei. Frostfeste Skulpturen sind ein Blickfang in jedem Garten.

Frostig schön: Hagebutten und Fruchtstände an Kletterpflanzen.

In der laublosen Zeit treten Gehölze mit besonderen Wuchsformen und attraktiver Rindenfärbung in den Vordergrund. Der im Sommer recht dicht belaubte Rote Hartriegel (Cornus sanguinea) und der rotrindige Weiße Hartriegel (Cornusalba 'Sibirica') erscheinen je nach Art und Sorte als korallen-, blut- oder orangerot loderndes Gartenfeuerwerk. Auch Birke (Betula) und Ahorn (Acer) schmücken den Garten mit unterschiedlichen Farbnuancen und Vielartigkeit. Der Fruchtschmuck des Gemeinen Schneeball (Viburnum opulus) und des Apfeldorn (Crataegus x lavallei 'Carrierei') erweitert das Farbenspiel. Hagebutten von Hunds-Rose (Rosa canina), Kartoffel-Rose (Rosa rugosa) und Apfel-Rose (Rosa villosa) changieren von Rosarot bis Rot. Mit Zier-Äpfeln (Malus i.S.) kommt je nach Sorte neben rotem auch gelber Fruchtzauber in den Garten.

Das ganze Jahr hindurch grün sind beispielsweise Rhododendren (Rhododendron i. S.), Efeu (Hederahelix) und viele Nadelgehölze. Formschnittgehölze wie geschnittene Buchskugeln (Buxussempervirens, Formschnitt) haben im Winter ihren großen Auftritt. Gräser bilden in der kalten Jahreszeit wunderschöne Silhoutten, wie das aufrechte Garten-Reitgras (Calamagrostis x acutiflora 'Karl Foerster') und das feingliedrige Blattwerk des Lampenputzergrases (Pennisetum alopecuroides 'Hameln'). Auch Rasenflächen oder mehrjährige Blumenwiesen sind ein gutes Gestaltungselement. Vertrocknete Blätter und braune Blütenstände von Wasserdost (Eupatorium fistulosum), Blutweiderich (Lythrum salicaria), Astern (Aster i.S.) oder abgeblühte Blütenstände von Hortensien (Hydrangea i.S.) zeichnen bei tiefstehender Sonne, morgendlichem Nebel oder Schnee zauberhafte Gartenbilder.

Im Winter fast schon unerwartet erscheinen die Blüten der aus Asien stammenden Zaubernuss (Hamamelis), dem Winter-Duft-Schneeball (Viburnum x bodnantense 'Dawn'), dem Winter-Jasmin (Jasminum nudiflorum), der Winter-Kirsche (Pru-

nus subhirtella 'Autumnalis') und der Christrose (Helleborus).
Doch welche Arbeiten sind denn zu erledigen? Im Grunde reicht es aus, in Beet und Rabatte Pflanzen abzuschneiden, die im Winter matschig oder faulig werden. Darunter fallen Rittersporne (Delphinium), Funkien (Hosta) oder Taglilien (Hemerocallis).
Besonders das heimische Tierleben ist dankbar, wenn der Garten im Herbst nicht komplett geräumt wird: In Horsten von Stauden und Gräsern finden nämlich zahlreiche nützliche Insekten ein trockenes, windgeschütztes Überwinterungsquartier. Letzte Beeren, die noch am Wilden Wein oder an Sträuchern zu finden sind, dienen Singvögeln als Winterfutter. Viele mediterrane Kräuter oder andere kälteempfindliche Pflanzen haben in unseren Breiten eine bessere Chance, gut über den Winter zu kommen, wenn ein Bett aus alten Blättern die härtesten Fröste und kältesten Winde fernhält. Wird abgefallenes Laub gesammelt und mit Zweigen ausgeschnittener Sträucher zu einem Haufen aufgeschichtet, nistet sich mit ein bisschen Glück sogar ein Igel über den Winter ein. Ebenso verkriechen sich Marienkäfer gerne unter dem Laub. Das abgestorbene Pflanzenmaterial ist aber nicht nur ein Quartier für unsere Insekten. Es schützt bei fehlender Schneedecke sowohl den Boden als auch die Wurzelbereiche der Pflanzen vor Witterungseinflüssen, wie Erosion oder Kahlfrösten. Außerdem liefert es wichtige Nährstoffe. Mikroorganismen, Käfer und Würmer zersetzen und zerkleinern es, der Boden wird fruchtbarer. Auch Strauchhecken, Beerensträucher, Beete und Rabatte sind für eine Mulchschicht aus abgefallenem Laub dankbar.

Im Gemüsegarten darf das Laub auf den Beeten liegen bleiben.

Kübelpflanzen, die draußen überwintert werden, freuen sich ebenfalls über eine Laubdecke. Alternativ dürfen sie auch mit Jute ummantelt werden. Alle Kübelpflanzen, die in unseren Breiten nicht frostfest sind, müssen aber ins frostgeschützte Winterquartier umziehen.
Rasenflächen sollten vom Großteil des Laubes befreit werden, da sich ansonsten Pilzkrankheiten ausbreiten. Statt zum Laubbläser zu greifen, ist es aber besser, Besen und Rechen zu verwenden. Das schont Insekten, Tiere und Umwelt.
Im Gemüsegarten dürfen Gelbe Rüben, Radieschen oder Salate gerne stehen bleiben, damit sie blühen und Samen bilden. Die Vögel freuen sich. Ebenfalls können Lauch-Arten, Kohl und Wintersalate bis zum Frosteinbruch auf den Beeten verbleiben. Im Nutzgarten ist es besonders wichtig, die Beete zu bedecken. Was dort

Gräser schaffen zauberhafte Effekte im winterlichen Garten.

weggeschnitten wird, auch auf den Boden fallen lassen und mit Laub bedecken.
Der Winter ist auch die Zeit, sich über mögliche Gartenumgestaltungen oder Neubelegungen im Gemüsegarten Gedanken zu machen. Aktuelle Samen- und Gartenkataloge können dabei nützlich sein.
Wenn im Februar oder März die Tage länger werden und die ersten Frühlingsblumen aus dem Boden spitzen, zahlt sich das Nichtstun der letzten Wochen aus. Mit nur wenigen Handgriffen kann nun das über den Winter spröde gewordene, abgestorbene Pflanzenmaterial von den Beeten entfernt werden. Dann ist auch die richtige Zeit, den Kompost umzusetzen oder einen Pflegeschnitt an Bäumen und Sträuchern durchzuführen.

Dagmar Thimm-Böhringer und Maria Treiber, Gartenfachberatung am Landratsamt Neustadt/WN

WIE GÄRTNERT DIE OBERPFALZ MORGEN?

Kreisfachberatung für Gartenkultur und Landespflege am Landratsamt Tirschenreuth

Harald Schlöger

Veränderte Klimabedingungen stellen uns bei der Gestaltung und Pflege der Gärten vor neue Herausforderungen.

Klimawandel bedeutet eine langfristige Änderung des mittleren Wetters, wie dies im Verlauf der Erdgeschichte immer wieder vorkam. Aktuelle meteorologische Messungen bei Temperatur, Niederschlag oder der Ausdehnung von Land- und Meereis zeigen eine weltweite, aber regional durchaus unterschiedliche Erwärmung. Dabei erfolgen die Veränderungen in einer Geschwindigkeit, die ursprünglich so nicht erwartet wurde. Dieser Prozess wird in seriösen Wissenschaftskreisen als unumkehrbar bezeichnet („kipping-points", wie arktische Eisschmelze, sind bereits erreicht). Selbst wenn wir radikal versuchen, die Ziele der Klimaabkommen, wie zum Beispiel die Pariser Vereinbarung von 2015, zu erfüllen und anstreben, durch weniger Verbrennung fossiler Energieträger die Erwärmung auf 2°C weltweit zu beschränken, werden wir uns den Veränderungen stellen müssen.

Der Klimawandel ist kein abstraktes Ereignis, das nur zu Diskussionen unter den Fachleuten taugt. Es gibt vielmehr viele konkrete Auswirkungen auf unser Leben und unseren Alltag, zum Beispiel in der Forst- und Landwirtschaft sowie dem Gartenbau durch einen Wandel bei der Vegetationszusammensetzung.

Für die Pflanzen in unserer Landschaft und den Gärten sind Veränderungen bei den Niederschlägen noch problematischer als der reine Temperaturanstieg.
Für die Oberpfalz bedeutet dies neben einer prognostizierten Erwärmung von etwa 1,5 bis 2 °C eine saisonale Umverteilung des Niederschlags mit einem Anstieg der Niederschlagssummen im Frühjahr/Spätwinter (um bis zu 20-30 %) und eine Niederschlagsabnahme im Sommer um mehr als 20 %, gerade dann, wenn die Pflanzen das Wasser am notwendigsten zu ihrer Entwicklung brauchen.
Hinzu kommt die Veränderung bei der Anzahl und Intensität von meteorologischen Extremereignissen. Die Prognosen geben aber keine Gewähr für Ausreißer; das heißt, es wird in der Oberpfalz immer mal wieder kalte Winter oder verregnete Sommer geben. Der Anbau von Zitronen und Orangen in der Oberpfalz wird nicht stattfinden!

Die bisher üblichen Baumarten im Stadtgrün und in den Gärten sind in ihrer Verwendbarkeit inzwischen stark eingeschränkt. Durch den weltweiten Güter- und Warenverkehr werden natürliche Barrieren für Krankheiten und Schädlinge ausge-

Der Amberbaum gefällt durch eine besonders leuchtende Herbstfärbung.

schaltet. Die Folge ist das verstärkte Auftreten vorher unbekannter Erreger, wobei zumindest anfangs die natürlichen Gegenspieler fehlen und die Selbstheilungskraft der Natur nicht ausreicht. Beispiele dafür sind der Eichenprozessionsspinner, das Eschentriebsterben oder die Rußrindenkrankheit am Ahorn.

Seit einigen Jahren werden Baumarten getestet, die Ersatz bieten können. Erfolg versprechen dabei Arten, die aus Klimaregionen der Erde kommen, wo es schon immer im Winter kalt, aber im Sommer trocken und heiß war, zum Beispiel aus dem Kaukasusbereich oder Vorderasien. Interessante Baumarten für die zukünftige Verwendung als Straßenbaum sind u. a. die mediterrane Hopfenbuche (Ostrya carpinifolia), der nordamerikanische Amberbaum (Liquidambar styraciflua), die Spreeeiche (Quercus palustris), der Wollapfel (Malus tschonowskii) oder eine neue Ulmenart mit der Sortenbezeichnung 'Lobel'.

Der Acanthus ist eine horstbildende Solitärstaude mit auffälligen Blüten.

Bei der Gehölzauswahl für den Privatgarten werden Gehölze mit hohem Wasserbedarf wie die Hortensien nur mehr an geeigneten, ausreichend bodenfeuchten und schattigen Standorten eingesetzt werden können.
Auch viele Nadelgehölze sind durch den Klimawandel besonders betroffen. Die allgegenwärtige Thuja fühlt sich bei feucht-kühler Witterung wohl. In Gegenden mit ausreichend Niederschlägen und mäßigen Temperaturen stehen die immergrünen Hecken noch gut da, denn die Flachwurzler können das Wasser aus dem Boden ohne Probleme aufnehmen. Langanhaltende Trockenheit und Hitze, aber auch kalte Winde und Kälte führen zu Stresssymptomen. Erst vertrocknen einzelne Zweige und schließlich ganze Pflanzen, oft in Wechselwirkung mit bodenbürtigen Krankheiten wie der Phytophthora-Wurzelfäule.

Bei der Suche nach Ersatz, gerade für Gärten mit intensiver Sonneneinstrahlung, braucht es Arten mit besonderem Verdunstungsschutz, zum Beispiel durch nadelförmige Blätter oder Wachsüberzug. Ein Gehölz mit diesen Eigenschaften ist die Wüstenweide (Chilopsis linearis 'Burgundy'), die gerade neu in die Sortimente der Baumschulen kommt. Bewährte Gartengehölze für Trockenstandorte sind beispielsweise Weißdorn, Hainbuche, Flieder, Sommerflieder, Perückenstrauch, Tamariske und viele Halbsträucher wie Blauraute, Bartblume oder Lavendel.

Wasserbedürftige Pflanzen „am Tropf", das heißt mit regelmäßiger zusätzlicher Bewässerung, werden wir uns nicht mehr leisten können.

Die Euphorbia polychroma ist im Frühlingsgarten unentbehrlich.

Schon gar nicht mit Wasser aus dem öffentlichen Netz, weil die Wasserversorger zum Teil schon Probleme haben, in Trockensommern ausreichend kühles Nass für den Primärbedarf der Bevölkerung bereit zu stellen.
Regenwasser, das in Zisternen und Fässern bevorratet wird, kann für die Gartenbesitzer teilweise eine Abhilfe sein. Zudem ist dieses kostbare Wasser durch die richtige Gießtechnik, zum Beispiel durch weniger häufiges, aber dafür durchdringendes Gießen mit mindestens 15 Litern Gießwasser pro Quadratmeter oder Tropfbewässerungssysteme, gezielt auszubringen. Der Bewässerungszeitpunkt sollte am frühen Morgen sein, dabei sind die Pflanzen durch das Gießen nicht unnötig zu benetzen, um so Pilzkrankheiten und übermäßige Verdunstung zu verhindern. Konsequentes Mulchen der Beete oder regelmäßiges oberflächliches Hacken verhindern zusätzlich den kapillaren Wasseranstieg im Boden sowie die Verdunstung an der Bodenoberfläche und sparen so Wasser.

Beim Gärtnern ist also zukünftig erhöhte Aufmerksamkeit gefragt, wobei immer wieder abgewogen werden muss: Brauche ich wirklich ei-

nen englischen Rasen, wenn er im Sommer ohnehin vertrocknet – oder lege ich lieber eine robustere Kräuterwiese mit einheimischen Blühpflanzen an? Ein vermeintlich pflegeleichter kahler Schottergarten mit nur spärlicher Bepflanzung ist jedoch keine gute Idee, da so ein Garten sich zusätzlich aufheizt und die Problematik nur verschärft.
Je mehr Pflanzen im Garten, um so positiver die Auswirkungen auf das Mikroklima.

Verlierer des Klimawandels gibt es auch bei den bekannten Beetstauden. Der Begriff macht schon klar, dass deren Lebensbereich in der Natur kein Vorbild hat, sondern im Grunde aus der gärtnerischen Retorte stammt. Durch langjährige Züchtung entstanden, finden sich in dieser Gruppe die größten und farbigsten Blütenformen. Von den optimalen Bedingungen verwöhnt, die ihnen im Laufe der Zeit von Züchtern und Gartenbesitzern gewährt wurden, wären sie ohne ständige gärtnerische Betreuung hoffnungslos verloren.
Rittersporn, hohe Herbstastern oder Sommerphlox leiden bei trockenen Bedingungen und bekommen leicht Pilzkrankheiten wie den Echten Mehltau.

Staudenbeet auf der Landesgartenschau 2013 in Tirschenreuth.

Besser ist es in der Zukunft, sich bei den Steppenheide-Stauden, zum Beispiel aus mediterranen Heimatstandorten, zu bedienen. Pflanzen können sehr kreativ darin sein, mit wenig Wasser zurechtzukommen.
Heiligenkraut, Ysop, Silberraute, hohe Katzenminze oder Bergminze und viele andere sind mit ihren schmalen, mit feinen Härchen überzogenen Blättern gut an Trockenbedingungen angepasst.
In den dickfleischigen Blättern kann zum Beispiel die Fette Henne, eine altbewährte Bauerngartenstaude, Wasser speichern und ist deshalb ebenfalls ein Gewinner des Klimawandels.
Auch Rhizome wie bei den hohen Bartiris oder die unterirdischen Speicherorgane bei Zwiebel- und Knollenpflanzen sind wirkungsvolle Strategien, trockene Witterungsphasen unbeschadet zu überstehen.
Tiefwurzler wie die Stockrosen (Alcea rosea) versorgen sich auch in längeren Trockenperioden aus tiefen Bodenschichten mit dem notwendigen Wasser.
Im „Klimawandel-Garten der Zukunft“ kann man deshalb verstärkt mit solch tiefwurzelnden Pflanzen wie dem Balkan-Bärenklau (Akanthus hungaricus) oder dem Diptam (Dictamnus alba) Akzente setzen und ein bisschen experimentieren, um andere, nicht trockenverträgliche Solitärstauden zu ersetzen.

Pyrus salicifolia mit Geranium psilostemon 'Patricia'.

Aber bitte beachten: Alle Pflanzen für trockene Standorte mit starker Sonneneinstrahlung sind auf einen überdurchschnittlich guten Wasserabzug angewiesen, besonders auch in der niederschlagsreichen Winterzeit. Vor allem auf Neubauflächen sind die Böden oft durch schwere Baufahrzeuge verdichtet und bieten dadurch keine guten Bedingungen für Trockenkünstler. Ein gut durchlässiger Boden schützt die Pflanzen vor Staunässe und so vor einer möglichen Fäulnis.

Bei unseren altbekannten Obstarten bedeutet Erwärmung nicht gleich weniger Probleme. Der frühere Vegetationsbeginn nach milden Wintern führt zu einer frühen Blütezeit. Bei polarer Kaltluft, wie sie im Frühjahr bis zu den Eisheiligen immer mal wieder einfließen kann, sind solche weiter entwickelten Pflanzen dann natürlich stärker beeinträchtigt als Gehölze, die noch nicht ausgetrieben haben. Frostschäden durch Blütenfröste werden deshalb nicht weniger werden.

Eventuell ergeben sich aber auch neue Chancen in der Pflanzenverwendung, zum Beispiel bei den Obstarten, die höhere Temperatursummen bis zur Fruchtausreife oder für eine gute Fruchtqualität benötigen, wie Tafeltrauben, Schwarzer Maulbeerbaum, Feige, Pfirsich, Kaki oder Echte Mispel.

Als Fazit kann man sagen, dass mit dem Klimawandel eine große Herausforderung, auch aus der Perspektive eines Oberpfälzer Hobbygärtners, auf uns zukommt. Es gilt, bei der Auswahl der Pflanzen in den Gärten rechtzeitig zu reagieren und für Neu- und Ersatzpflanzungen trockenheitsverträgliche Pflanzen auszuwählen.
Wasser wird auch für Gartenbesitzer zum kostbaren Gut, deshalb braucht es ein vernünftiges Regenwasser-Management mit kreativen Speichermöglichkeiten und wassersparenden Bewässerungssystemen. Die Pflanzen im Garten sind idealerweise selbst gezogen oder stammen aus einer regionalen Gärtnerei, um unnötige Autofahrten zu vermeiden. Ressourcen schonen und Abfall vermeiden, Strom und Wasser sparen, all das hilft dem Klimaschutz und sollte für verantwortlich handelnde „Gartler" selbstverständlich sein.

Harald Schlöger, Kreisfachberatung für Gartenkultur und Landespflege am Landratsamt Tirschenreuth

„Gewinner des Klimawandels"

Stauden / Gräser: (Auswahl)

(Botanischer Name/'Sortenbeispiele' – Dt. Name)

Acanthus hungaricus – Balkan-Bärenklau
Achillea clypeolata 'Moonshine' – Goldquirl-Garbe
Achillea filipendulina-Hybride 'Terracotta' – Schafgarbe
Achillea millefolium-Hybride 'Petra' – Schafgarbe, rot
Alcea rosea – Stockrose
Aster amellus 'Sternkugel' – Sommeraster
Aster linosyris – Goldaster
Calamintha nepeta 'Blue Cloud' – Steinquendel, Kleinblütige Bergminze
Dictamnus alba 'Albiflorus' – Diptam, weißblütig
Echinops ritro'Veitch's Blue' – Kugeldistel
Echium vulgare – Gewöhnliche Natternkopf
Euphorbia griffithii 'Fireglow' – Himalaja Wolfsmilch
Euphorbia polychroma – Goldwolfsmilch
Euphorbia myrsinites – Walzen-Wolfsmilch
Geranium psilostemum-Hybride 'Patricia' – Armenischer Storchschnabel
Geranium renardii 'Philippe Vapelle' – Storchschnabel
Hyssopus officinalis – Ysop
Iris barbata-elatior 'Superstition' – hohe Bartiris
Kniphofia-Hybride 'Feuerkerze' – Fackellilie
Lavendula angustifolia 'Dwarf Blue' – Zwerg-Lavendel
Lavendula angustifolia 'Hidcote Blue' – Lavendel
Nepeta grandiflora 'Blue Danube' – hohe Katzenminze
Oreganum laevigatum-Hybride 'Herrenhausen' – Oreganum, Dost
Penstemon digitalis 'Husker's Red' – Bronze-Bartfaden
Perovskia atriplicifolia 'Filigran' – Blauraute
Sedum telephium 'Herbstfreude' – Fette Henne
Sedum telephium 'Matrona' – Fette Henne
Verbascumspp. – Königskerze

Pennisetum compressum 'Hameln' – Lampenputzergras
Stipa calamagrostis 'Allgau' (Syn. Achnatherum calamagrostis) – Federngras

„Gewinner des Klimawandels"

Bäume / Gehölze: (Auswahl)

(Botanischer Name/'Sortenbeispiele' – Dt. Name)

Acer campestre 'Elsrijk' – Feldahorn
Acer griseum – Zimt-Ahorn
Alnus x spaethii – Purpur-Erle
Buddleja davidii 'Buzz Violet' – Zwergsommerflieder
Buddleia davidii 'Blue Emperor' – Schmetterlingsflieder
Carpinus betulus – Hainbuche
Cornusmas – Kornelkirsche
Cotinus coggygria 'Royal Purple' – Purpur-Perückenstrauch
Crataegus monogyna – Weissdorn
Gingko biloba – Gingko
Ilex 'Nellie R. Stevens' – Stechpalme
Liquidambar styraciflua – Amberbaum
Malus tschonowskii – Wollapfel/Zierapfel
Ostryacar pinifolia – Hopfenbuche
Pyracantha coccinea 'Red Star' – Feuerdorn
Pyrus salicifolia – Weidenblättrige Birne
Quercus cerris – Zerr-Eiche
Quercus frainetto – Ungarische Eiche
Rosa – Rosen in allen Variationen
Syringa microphylla 'Palibin' – Zwergflieder
Syringa microphylla 'Suberba' – Zwergflieder
Syringa vulgaris – Wildflieder
Syringa vulgaris-Hybride 'Andenken an Lothar Späth' – Edelflieder
Tamarix parviflora – Tamariske
Ulmus x hollandica 'Lobel' – Schmalkronige Stadt-Ulme

Danke

… allen Oberpfälzer Hobbygärtnern, die mir für das Buchprojekt ihre Gartentüre weit geöffnet und meine Fragen geduldig beantwortet haben.

… den Kreisfachberatern an den Landratsämtern, die sofort bereit waren, das regionale Gartenbuch mit einem fachlichen Artikel zu unterstützen. Ein besonderer Dank gilt Heidi Schmid vom Kreisgartenamt Schwandorf: Ihr habe ich das „Abenteuer Buchautorin" zu verdanken.

… dem engagierten Team vom Battenberg-Gietl-Verlag, allen voran Verlagsleiter Josef Roidl und Manuela Bonfissuto (Programmleitung Bavarica), für das in mich gesetzte Vertrauen sowie die professionelle Begleitung.

… an Buchdesignerin Brigitte Weber für die konstruktive Zusammenarbeit. Es war eine Freude zu sehen, wie meine Texte und Bilder auf den Seiten wuchsen.

… meinem Mann Rudi Straubinger, der mich auf der Oberpfälzer Gartenreise begleitete, viele schöne Bilder beisteuerte und das Korrekturlesen übernahm.

Gertraud Anna Portner

Bildnachweis:

S. 10/11 o. (oben) r. (rechts) sowie S. 14/15 o. li. (links) und o. Mitte: **Heidi Schmid**; S. 20/21 li. o. (3 Bilder), li. u. und re. u. sowie S. 22/23 li. u. (2) und re. o.: **Hans Griesbeck**; S. 48/49 r. u.: **Heidi Schmid**; S. 58/59 Mitte und re. u. sowie S. 60/61 o. Mitte und unten (3): **Ramona Glaske**; S. 62/63 o. li., o. Mitte und u. re. sowie S. 64/65 o. li., o. re. und u. re.: **Thomas Kröpfl**; S. 66/67 o. li. und Mitte: **Christa Donhauser**; S. 68-71 sowie Rücktitel u. re.: **Diana Thomiczny**; S. 72/73 o. li. und Mitte sowie S. 74/75 o. re. und u. re.: **Anita Bergien**; S. 80/81 o. Mitte: **Rita Schmid**; S. 84/85 o. Mitte: **Hedwig Paulus**; S. 90/91 li.: **Harald Schlöger**; S. 94/95 sowie S. 96/97 li. und o. re. sowie S. 98/99 o. Mitte und o. re. sowie S. 100/101 li. und re. o. Mitte und re. u.: **Egbert Völkl**; S. 96/97 u. Mitte sowie S. 98/99 o. li.: **Heidi Schmid**; S. 102/103 re. sowie S. 104/105 u. re. sowie 106/107 o. li., o. Mitte und o. re. sowie S. 108/109 o. li. (2), o. re. (2) und u. Mitte: **Hans Kramer**; S. 112/113 unten (3) sowie S. 114/115 u. Mitte und oben re.: **Maria Vogl**; S. 116/117 re.: **Diana Thomiczny**; S. 118/119 sowie S. 120/121 u. Mitte sowie S. 122/123 o. li, o. Mitte, u. Mitte und u. rechts sowie S. 124/125 o. zweites Bild links und u. re.: **Renate Steger**; S. 130/131 u. li. sowie 132/133 u. Mitte: **Eva Weikl**; S. 136/137 (3) sowie S. 138/139 o. li. (3) und u. re. sowie S. 140/141 o. re., u. li. und u. re. sowie S. 142 (6) sowie Rücktitel o. re.: **Volker Seebauer**; S. 144/145 sowie S. 148/149 o. re. sowie S. 150/151 o. li.: **Harald Schlöger**; S. 146/147 (2) sowie S. 148/149 li. (3) und re. u. sowie S. 150/151 li. u. (3) und re. (2): **Angela Frank**; S. 152 -155: **Armin Kollinger**; S. 156/157 (3) sowie S. 158/159 o. re. und u. Mitte sowie S. 160 o. Mitte: **Franz Kraus**; S. 158/159 u. li. und u. re.: **Cora Leroy**; S. 160/161: u. li. und o. re.: **Susanne Flach-Wittmann**; S. 162 oben: Landratsamt Regensburg (Abt. Gartenkultur und Landespflege); S. 162 unten: **Stefanie Fleiner**; S. 163 (2): **Christine Gietl**; S. 164/165: **Heidi Schmid**; S. 166/167: **Renate Mühlbauer**; S. 168/169: **Michaela Basler**; S. 170/171: **Maria Treiber**; S. 172-175: **Harald Schlöger**.

Alle weiteren Bilder: Gertraud Portner und Rudi Straubinger